누구 욕하고 싶을 때는 시원하게 합시다.
그러면 진통 효과가 있는 엔도르핀이 분비된
다고 합니다. 진통제가 필요한 삶에서
고군분투하는 _____님께 엔도르핀 같은
에세이를 드립니다.

사적인사과지적인수박

독립출판, 내가 하지 말라고 했지?

독립출판 고수의 구구절절 하소연, 험담 에세이

제1판 1쇄 2023년 05월 (200부)
제1판 2쇄 2023년 06월 (200부)
제1판 3쇄 2024년 05월 (200부)

지 은 이 현채이
디 자 인 이태원댄싱머신
펴 낸 곳 사적인사과지적인수박
등 록 번 호 제25100-2018-000040호
등 록 우 편 hello@watermelonbook.com
S N S instagram @watermelonbookdance
I S B N 979-11-976691-6-3
판   형 113 * 188 * 6.6 mm
쪽   수 134쪽
내   지 미색모조 80g
표   지 반누보 227g

표지는 코팅하지 않았다. 사용한 만큼 흔적이 남는다.
언젠가 버려지게 된다면 자연으로 돌아간다.
3쇄를 찍으며 가격을 대폭 인상했다.
내용은 그대로다.

작가의 말

현채이

진심으로 김수연의 행복을 바랍니다.

작가 친구의 말

김수연

우리 모두는 예의를 지키며 살아가야 해.

출판사의 말

사적인사과지적인수박

작은 핸드백에 쏘옥 들어가지 않으면 책이 아니다. 벽돌이다.

위 문장을 출판사의 모토로 삼고 있다. 책은 작고 얇아야 한다.

현채이 작가의 원고를 읽고 처음에는 망설였다. 이거 혹시 우리 이야기 아닌가? 독립출판사와 독립서점을 같이 하는 입장에서 괜히 찔리는 느낌을 지울 수 없었다. 집요한 추궁 끝에 우리 비판은 아닌 것으로 확인이 되자 바로 출간을 결정했다. 원래 남 욕은 신이 나는 법이다.

신난다.

편집자의 말

이태원댄싱머신

독립출판이란 무엇인가.

지금 이 책을 들고 있는 독자라면 독립출판을 알고 있을 것이다. 모른다고 발뺌해도 소용없다. 이 책이 바로 독립출판물이다. 이름에서 유추할 수 있듯이, 무언가로부터 독립해 만든 책이다. 그 무언가는 자본이다. 거대한 출판 자본 없이, 편집자도 없이 책을 만들면, 독립출판이라고 할 수 있다. 독립출판의 정반대에 상업출판이 있다.

기획, 편집, 인쇄, 유통, 해석까지. 상업출판은 독자가 중심이 된다. 사람들은 이런 글을 원할 거야. 소망을 담은 예측으로 책은 기획된다. 작가를 섭외하고 글이 만들어진다. 그리고 그걸 편집하는 과정에서 사람들이 외면할지도 모르겠다는 생각이 든다면, 아직 만들지도 않은 책은 과감히 폐기된다. 이 단계를 무사히 건넌다면 대량으로 인쇄되어서 서점에 깔린다. 수백, 수천의 광고비를 내고 매대에 머문다. 책이 어느 정도 팔린다면 리뷰와 독후감들이 인터넷을 돌아다닌다. 독자의 해석은 책을 완성한다. 읽히기 위해 만들어지고 읽히면 끝나는 책. 이게 상업출판이다.

독립출판은 작가가 중심이 된다. 쓰고 싶은 걸 쓴다. 아주 거칠게 말하면, 블로그에 끄적인 글이나 여행 가서 찍은 사진, 이걸 혼자 보기 아까워서 책으로 만든다. 마음대로 만드는 거다. 기획은 뜬금없이, 편집은 방향없이, 인쇄는 소박하게 진행된다. 독자는 주로 시큰둥한 태도를 보인다. 궁금해하는 주제도 아니고 표지도 마음에 들지 않는다. 책은 책방에 아주 오랫동안 머문다. 자본으로부터 독립한다면서 결과적으로는 독자로부터 독립한다. 독립출판 작가는 사람들이 읽고 싶은 책을 쓰지 않는다. 아무도 읽지 않지만 쓰는 책. 그게 독립출판이다.

이 책을 들고 있는 독자에게 묻고 싶다. 아무도 원하지 않지만 하는 일이 있는가. 돈을 벌기 위해서, 성공하기 위해서, 유명해지기 위해서 하는 일 말고, 너 요즘에도 그런 거 하고 앉아 있냐? 라는 질문을 받을 법한, 그런 거를 하고 있는가. 그냥 한번 물어봤다. 대답을 기대한 건 아니다. 아무도 원하지 않는 책을 만드는 편집자로서 공허한 질문을 던져보았다. 던질 수밖에 없었다. 얼른 다음으로 넘어가자.

독립서점이란 무엇인가.

이렇게 만든 독립출판물은 안타깝지만 대형서점에서 살 수 없다. 조그마한 동네책방에서만 살 수 있는데, 여길 독립서점이라 부른다. 지금 이 책을 들고 있는 들고 있는 독자라면 이미 독립서점에 발을 들여놓은 거다. 고개를 들어 주위를 살펴보자. 눈 앞에 보이는 게 독립출판물이다. 독립출판물을 팔면 독립서점인가. 꼭 그렇지는 않다. 독립출판물이 없는 독립서점도 많다. 학습서, 수험서가 없다면 독립서점이다. 출판시장에서 가장 큰 부분을 차지하는 게 학습서, 수험서인데 그걸 포기하는 거다. 대형서점에는 반드시 있는 베스트셀러도 없다. 사람들이 가장 많이 찾는 책은 들여놓지 않는다.

자본으로부터 독립하는 게 독립서점인데 결국 유행으로부터 독립한다. 사람들이 찾는 책을 들여놓지 않는 서점. 그게 독립서점이다. 남들은 돈 벌 궁리만 하며 하루를 보내는데, 월세 나가고 관리비 나가는 공간을 대책 없이 차려놓고 있다. 남들이 토익 공부할 때 독립출판물이나 보고 앉아있는 낭만적인 독자를 기다린다.

이 책을 들고 있는 독자에게 묻고 싶다. 사람들은 다 하는 것 같은데, 하지 않는 일이 있는가. 노후를 위해서, 건강을 위해서, 혹은 자연스럽게 누구나 하는 일 가운데, 혼자만 하지 않고 있는 일이 있는가. 나는 그거 안 하고 있는데, 라고 말하면 사람들이 눈을 동그랗게 뜰법한, 그런 일 말이다. 그냥 한번 물어봤다. 스스로 대수롭지 않게 여기기 때문에 누가 말해주지 않으면 모를 수도 있다. 딱히 생각나는 게 없으면 다음으로 넘어가자.

아니 그런데, 이 책은 도대체 무엇인가.

어느 날 북페어에서 김수연 작가를 만났다. 소심하게 앉아 있는 작가에게 굳이 달려가 물었다. 물을 수밖에 없었다. 어떤 일을 하고 있고, 또 겪고 있는지. 그는 대답 대신 종이 뭉텅이를 내밀었다. 친구가 자신의 이야기를 대신 적었다고 했다. 받아서 순식간에 다 읽어버렸다. 왜 이만 걸 썼지? 왜 나한테 줬지? 아무도 요청하지 않았지만 글을 써서 A4용지에 인쇄한 거다. 이게 독립출판이다. 그런 생각이 들자마자 바로 제안했다. 이걸 책으로 내자. 사람들이 재미있어 할 것 같다.

이걸 사람들이 좋아할까요? 겨우 이딴 글을요?

작가는 의구심이 가득했지만, 나는 신이 났다. 독립출판을 하면 자연스럽게 겪게 될 일과 전혀 자연스럽지 않은 특이한 일까지 다 담겨있다. 사람들이 흥미를 가질 것 같다. 나름의 이유를 둘러댔지만, 사실 이유는 필요없었다. 작가가 아무도 요구하지 않은 글을 인쇄해온 것처럼, 나도 가치 있는 글을 본 이상 출간 제의를 하지 않을 수 없었다. 작가도 말은 저렇게 했으나 책을 팔고 싶어하는 눈치였다.

어떤 작가는 남들이 보든 말든 내가 쓰고 싶은 걸 한다. 어떤 서점은 남들이 시험을 보든 말든 문제집을 안 판다. 우리는 함을 통해서, 때로는 하지 않음을 통해서 무언가로부터 독립한다. 나도 편집자로서 가만히 있을 수 없다. 독립출판 작가를 위해 책을 만들고, 독립서점을 위한 책을 만들고 싶다. 이를 통해서 나도 무언가로부터 독립하고 싶다. 스스로 굳건히 서고 싶다. 독립적인 인간들이 모이면 얼마나 아름다운 장면이 펼쳐질까. 서로에게 도움을 주고 위로를 주며, 불미스러운 사건은 전혀 없을 것 같다. 물론 그럴 리는 없지만, 일단 그런 편견을 갖도록 하자. 잠시 후 그런 편견을 깨버릴 내용이 나올 예정이기 때문이다. 마음에 와닿지 않는다면 일단 외우자. 그래야 다음 장으로 넘어갈 수 있다. 독립출판은 아름답다. 좋은 일만 있다. 이 정도 이야기했으면 말귀를 잘 알아먹었을 거라 믿는다.

차례

작가는 아니고 20

내가 쓴 글이 아닌 것 같아 42

돈 얘기부터 합시다 46

잃어버린 언니를 찾아서 54

정산 60

악령을 찾아서 66

두 분이 싸우셨다는 이야기를 들었습니다 72

작가님이 행복해지시기만을 바랄 뿐이에요1 78

작가님이 행복해지시기만을 바랄 뿐이에요2 100

북페어 104

왜 했냐 112

작가는
아니고

"내가 하지 말라고 했지?"

"어."

"근데 왜 했어?"

그는 말없이 빙그레 웃었다. 각자 다른 회사에 취업 후 숙소 비용도 아낄 겸 같이 살고는 했던 그였다. 그런 그가 얼마 전 다니던 회사를 그만두었다. 그래서 이제 뭘 할 건데? 하는 물음에 그는 답했다.

"책을 한번 써보고 싶어서."

어처구니없는 답변에 그저 헛웃음만 나왔다.

"책을 내준다는 출판사는 있고? 아님, 투고라도 하게?"

"독립출판."

대학 시절 문학동아리에서 만난 그는 글에는 확실히 재주가 있었다. 그러나 한낱 대학 동아리 수준에서 통용될 법한 문장과 구성이라 생각했다. 합평 시간이면 간혹 동아리 회원들이 그가 써온 글에 환호와 탄성을 보내기도 했으나 그뿐이라고 생각했다. 아니, 조금 더 솔직해지자면, 이게 정말 그 정도로 호평을 받을만한 글인가? 하는 마음에 고개를 갸웃거리기도 했었다.

"이게 요새 그 유행한다는 퇴사 후 자아 찾기 뭐 그런 거냐? 그런 건 그냥 철없는 사람들의 단순한 어리광이나 회사에 다니지 않고도 먹고살 만한 재주가 있는 사람들이 사람들의 퇴사에 대한 욕망을 자극하기 위한 수작이라는 거 몰라서 그래?"

그는 다시 말없이 웃음으로 대답을 대신했다. 책으로 월세를 낼 돈은 벌 수 있냐? 하는 물음이 목구멍까지 차오르는 것을 간신히 눌러앉혔다. 더 이상 몰아붙이기엔 다음 날 출근을 위해 체력을 아껴두어야겠다는 생각이 앞섰다.

"알아서 해라 그럼. 난 모르겠다."

그러던 그가 며칠 방 안에서 혼자 끙끙대는 것 같더니 얼마 뒤 박스를 가득 실은 트럭이 찾아왔다. 박스에는 책이 가득 담겨 있었다. 그가 그중에서 한 권을 내밀기에 물었다.

"이거냐?"

"응."

"고생했다, 한번 읽어 볼게."

물론 처음 몇 페이지만 뒤적여 봤을 뿐 읽어보진 못했다. 생계를 꾸려나간다는 것은 그런 일이다. 그보다 한편으로는 그가 정말 자기가 하고 싶은 일을 한다는 것에 대한 질투도 조금쯤은 있었는지도 모른다. 배송된 박스들은 그의 방 한켠에 쌓여있었다. 다시 한번 한숨이 새어나왔다. 이걸 다 어쩌려고? 그는 다시 작은 박스들을 구해와 완충재로 책을 감싼 뒤 대여섯 권씩을 포장했다.

"택배로 보낼 거야. 입고를 받아주는 서점들이 있어."

영국 출신의 유명한 작가인 조지 버나드 쇼가 이런 말을 했다고는 한다. 초고를 본 부인이 세상 이런 쓰레기는 없는 것 같다고 비난하자 그는 말했다고 한다. 그럼 내가 이 글을 일곱 번 고친 뒤 이 글을 다시 보시오. 그럼 다시 없을 명작이 되어있을 테니. 그는 정말로 수많은 명작을 집필했고 노벨 문학상을 수상하기 까지 했다. 그치만 다니던 회사를 두 달 만에 그만두고 독립출판을 하겠다고 까부는 수연의 삶은 아무리 봐도 퇴고는커녕 다시 들여다보지 않은 초고 그 자체인 것만 같았다. 아니 한번 제대로 쓰이기는 했던 걸까? 항상 뭔가를 끝까지 진득하게 해내는 일이 없이 그저 실실 웃기만 하는 실없는 친구였다. 이번에도 여느 때와 같이 그러다 말겠거니 했으나 예상외로 그는 꽤나 오랜 기간 독립출판을 했고 그 결과 이런저런 그럴듯한 성과를 내기도 했다. 이 글은 그를 옆에서 지켜 본 독립출판에 대한 기록이다.

그가 만들었다는 책을 손에 들어보이며 말했다.

"이제 너도 작가네?"

조금쯤의 비아냥이 섞여 있었던 것은 사실이다. 어쩌면 질투였는지도 모른다. 두 감정 모두 숨겨두었다. 책을 냈다고 전부 작가는 아니다. 작가란 모름지기 신춘문예나 문예지의 공모전을 통해 등단한 이들을 이야기하는 게 아닌가. 그것도 아니라면 유명한 출판사의 요청을 받아 출간한 이들이지 스스로 원고를 써서 책을 만드는 독립출판을 한 이들을 작가라고 부르기엔 한때나마 책을 좋아하고 또 글쓰기를 사랑했던 내 입장에선 자존심이 허락하지 않았다.

"작가는 아니고."

그의 겸손이 다시 한번 나의 신경을 거스르게 했다.

"그럼, 뭔데?"

그는 다시 말없이 웃었다. 그는 항상 말문이 막힐 때나 딱 부러지게 대답할만한 말이 없을 때는 웃기만 하는 바보 같은 친구였다.

그런 그도 컴퓨터의 모니터 앞에서 한숨을 짓고는 했다. 입고가 잘 진행이 되지 않는 모양이었다. 독립서점은 직접 책을 쓴 이가 서점에 입고를 희망한다는 내용의 메일을 보내고 서점 측에서 긍정적인 답장을 보내온다면 책을 보내는 방식이라고 했다.

"책은 뭐 보내면 다 돈을 주는 거야?"

"아니, 팔리면 그때 정산 해준데."

이른바 위탁 판매라는 방식이었다. 다섯 권의 책과 샘플 한 권을 보내는 듯했다. 서점 매대에 진열해 두고 판매가 되면 정해진 시기에 돈을 입금해준다.

"샘플도 보내냐? 그건 누가 갖는 건데?"

"서점에서 갖는 거 같은데? 확실하게 들은 건 없어."

"그렇게 서점마다 공짜로 한 권씩 보내면 뭐 남는 건 있고?"

아직도 그의 방 한켠에는 책이 들어있는 박스들이 가득 남아 있었다. 몇 권이나 뽑았느냐는 질문에 그는 답했다.

"500권 정도?"

사전 조사 결과 전국에는 500개 정도의 독립서점이 있고 그중에서 절반, 아니 반의반이라도 입고를 받아준다면 100여 개의 서점에서 6권씩을 필요로 할 테니 적어도 500권 정도는 인쇄해야 할 것이라는 게 그의 계산이었다. 그러나 생각만큼 입고가 잘 진행되지는 않는 모양이었다.

"아무래도 서점 공간이 좁고 또 사장님들의 취향이라는 게 있을 수도 있으니깐."

그는 말했다. 확실히 어느 시기부터인가 독립출판의 인기도 과열되어 많은 사람들이 책을 내고 있었다. 자유롭게 책을 낼 수 있는 게 독립출판이라고 하지만 나름의 시류와 유행 같은 것이 있어 감정을 아름다운 문체로 풀어낸 에세이나 귀여운 그림으로 일상을 풀어낸 일러스트북 같은 장르들이 인기를 얻고는 했다. 휴일을 기하여 인근 독립서점에 찾아가 몇 권 훑어본 결과 아무리 봐도 그의 책은 그런 경향과는 거리가 좀 있어 보였다. 에세이라고는 하지만 소설에 가까워 보였으며 그마저도 내가 보기엔 허세가 가득하여 잔뜩 멋만 부려댔으나 실속은 없는 문장들이었을 뿐이다. 그럼에도 가격표에는 만원이라는 숫자를 적어 두었다. 이런 걸 사느니 차라리 대형 서점에서 같은 가격에 훨씬 더 값어치 있는 책들을 사는 게 좋지 않을까? 생각했으나 차마 말로 내뱉지는 못했다. 다시 말하지만, 독립출판에도 나름의 유행과 경향이 있고 또 그것들을 따르지 못하는 책들은 서점의 입고가 다소 힘든 경우도 있기도 한 모양이었다. 입고에 있어 중요한 다른 한 가지로는 서점 사장님들과의 친분도 있을 수 있겠다. 특히 몇몇 소위 잘나가고 유명하다는 서점들에서는 자신들의 좋아하는 작가의 책을 매대에 좋은 자리에 배치해 두던가 SNS를 통해 홍보하든지 해서 베스트셀러를 만들기도 하는 모양이었다. 물론 아무리 서점에서 밀어준다고 해도 글이 좋지 않다면 팔리지는 않을 것이지만 누구나 책을 내고 만들 수 있다는 독립출판에도 자본이 우선시 되는 시장경제의 잔혹한 논리가 숨어있다는 판단을 지울 수는 없었다.

이런 생각을 하게 된 것에는 다른 이유도 있었다. 독립 책방이나 동네 서점이라는 서점들이 점점 늘어나다 보니 대형 출판사에서도 슬슬 눈길을 돌리기 시작했다. 처음에는 독립출판에서 유명한 몇몇 작가들이 출판사를 통해 책을 내는가 싶어 비주류 문화의 주류 진출인가? 하는 마음에 신기하면서도 내 일인 것 마냥 뿌듯하기도 했다. 오래전 홍대에서 유행했던 언더그라운드 밴드들이 유명세를 얻은 뒤 메이저 레이블을 통해 음반을 내거나 소위 오버라고 하는 대중음악 시장에 뛰어들기도 했다. 그때는 이러한 밴드들을 배신자니 변절자니 하는 말들로 비난하기도 했으며 독립출판의 경우에도 이러한 비판은 조금 있는 모양이었다. 출판사를 통해 책을 내거나 1인 출판사를 등록하여 대형 서점에 책을 입고한 작가들은 간혹 이런 말들을 듣기도 하는 모양이었다. '영원히 독립 출판에만 남아주셨으면 했어요.' '너무 변하신 거 아닌가요? 작가님은 순수한 분이신 줄 알았어요.' 뭐 내가 사실 내가 뭐라 할 바는 아니며 내 친구가 출판사에서 책을 내거나 할 것 같지는 않았지만 지금도 예전 홍대에서 유명했던 밴드 중 메이저 시장에 진출하지 않고 몇이나 살아남았는지를 본다면 그도 독립출판에만 남아줬으면 한다는 시각에는 고개를 저을 수밖에는 없었다.

독립출판의 메이저 시장의 진출은 어느 순간부터 역방향으로 그 바람이 불기 시작했다. 처음에는 다자이 오사무나 김승욱의 책들을 작은 판형으로 제작하여 동네서점에서만 살 수 있도록 제작한 뒤 입고했다. 사람들은 신기해했다. 어느 정도 판매의 성과가 있었는지 다음부터는 본격적으로 동네 서점에 진출하기 시작했다. 유명한 작가들의 신작을 이른바 동네서점 에디션이라는 명목으로 독립 책방에서만 살 수 있도록 제작하기도 했다. 처음에는 이를 통해 독립책방들이 유명해지고 또 다른 책들도 많이 팔릴 것 같았으나 사람들의 기대와는 조금 다른 방향으로 흘러가기 시작했다. 가격과 디자인, 부끄럽지만 내용 면에서 경쟁력이 있을 리가 없었다. 이윽고 서점 한켠에는 이른바 이 동네서점 에디션이란 책들과 기성 서적들로 채워지기 시작했다. 누구도 자본으로 많은 것들이 좌우되는 잔혹한 시장경제의 논리에서 벗어날 수는 없겠지만, 친구의 책이 입점이 되지 않다 보니 그런 점들도 조금 서운하게 느껴졌다. 그의 책들의 입점이 쉽게 되지 않는 이유에는 이런 것들만은 아니겠지만 나도 조금쯤은 내 일처럼 걱정이 되었다.

"유명해지면 똥을 싸도 사람들이 좋아해 줄 거라는데, 너는 일단 똥부터 싸보는 건 어때?"

나의 농담에도 그는 웃지 않고 모니터만 들여다보았다. 기획부터 집필과 인쇄까지 출판의 모든 과정을 혼자서 짊어져야 하는 독립출판이기에 그 부담감도

오로지 그의 몫이었을 거다. 안 그래도 소심하고 내성적인 친구가 그런 압박감들을 혼자 이겨내고 있다고 생각하니 안쓰러운 마음이 들기도 했다. 아마도 애써 마음을 가다듬고 다소의 뻔뻔함을 얼굴에 쓴 채로 메일을 보내야 할 것이다. 답장이 왔다는 알림이 핸드폰에 울릴 때마다 가슴이 콩닥콩닥 뛸 것이다. 긍정일까 부정일까, 그는 알 수 없는 기대를 하며 확인 버튼을 누를 것이다. 이 긍정과 부정 사이에서 그는, 그야말로 홀로 애처로워 보였다. 가끔은 확인하는 것이 두려운지 답장이 왔다는 알림이 왔음에도 쉽게 메일을 열어보지 못하던가 공포 영화를 보는 것마냥 확인 버튼을 누른 뒤 양손을 펴서 얼굴을 가리고 손 틈 사이로 살짝 메일을 들여다보기도 했다.

"뭘 그러고 보냐. 바보야?"

"무서운 걸 어떻게 해."

그런 그도 답장 메일을 보고는 한동안 얼굴이 굳어져 있기도 했다.

"뭔데 그래? 뭐 욕이라도 쓰여 있어? 왜 이런 쓰레기 같은 책을 냈냐고 화내?"

"차라리 욕이라면 이거보단 낫겠다."

모니터 화면에 떠 있는 답장 메일을 봤다. 거절 메일이었다. 또 거절당했다고 상심했나? 싶었지만 답장의 내용을 자세히 들여다보니 그런 것만은 아닌 것 같았다. 쓰여 있는 말은 다음과 같았다.

'죄송합니다만 우리는 예술 서적만을 취급합니다.'

그는 입술을 질끈 깨물었다. 입고를 거절당해도 뭐 서점 사장님들 취향에 안 맞을 수 있지 혹은 서점 공간이 부족한가 보지, 하며 웃어넘기던 그였으나 이번에는 좀 다른 것 같았다. 얼른 핸드폰으로 그 서점을 검색해 보았다. 외국 서적의 번역본들이나 사진집, 일러스트북 혹은 감성적인 에세이들로 가득하였다.

"그럼 니가 쓴게 예술이냐? 예술이 우스워?"

농담처럼 던진 말에 그는 표정이 굳어졌다. 마음에 상처가 깊은 모양이었다. 그렇다고 해서 이제 와서 순수했지만 그만큼 또 어리석은 열정으로 가득했던 대학 시절에나 가능했던 열띤 토론들, 주로 술에 잔뜩 취한 채로 침을 튀기며 서로의 예술에 대한 견해를 나누며 주먹다짐이라도 할 것처럼 각자의 주장을 내세웠던 그 시간들을 다시 반복할 마음은 없었다. 그러기엔 우리의 열정은 이미 차갑게 식었고 예술을 이야기하기엔 너무나도 나이 들었으며 또 각자의 견해 차이를 이해할 수 있을 만큼 성장했다. 무엇보다도 더 이상 이런 것들에 열을 올릴 수 없는 이유는 아마도 서로의 다름을 좁혀나가기엔 너무나도 삶에 지쳐있었기 때문이었을 것이다.

"아니 내 말은, 예술에 대한 시각은 각자 차이가 있으니깐. 그 사람들은 저런 게 예술이라고 생각하나 보지."

애써 무마하려 해 봤지만 그의 표정은 도무지 나아지질 않았다.

"아, 됐어. 저 사람들이 뭘 안다고. 지들이 뭔데 예술인지 아닌지를 판가름해? 웃기고 있네."

다시 생각해 보니 예술의 권력화인 것 같기도 했다. 장르의 서열이 있다고 믿었던 8~90년대 리스너 생각도 났다. 만약 다빈치나 반고흐처럼 유명한 작가들이 환생하여 그 서점을 내려다보며 '이딴 것도 예술이냐' 하고 코웃음을 친다면 어떤 기분일까. 아마 그들이 다시 태어난다고 해도 그 서점을 들여다볼 리는 없을 거다. 그치만 그렇게 세계적으로 유명한 예술가들이라면 아마도 다른 이들을 보고 '우리가 하는 것들만 예술입니다.' 따위의 말은 하지 않을 것은 분명하다.

"내가 한번 가 볼게. 찾아가서 대체 뭐가 예술인데? 하고 물어봐 볼게."

물론 찾아가 보지는 않았다. 삶은 바빴고 휴일에는 피로가 가득하여 누워 쉬기 바빴다. 때로는 많은 계획들이 지켜지지 못한 채 허물어지기만 했다. 뭔가를 하려는 마음을 먹고도 그것만으로 지치고는 했다. 다만 그 서점의 사람들에게 대신 한 마디를 전하고만 싶었다.

'죄송합니다. 진정한 예술만을 취급하는 여러 분들의 위엄과 존귀함을 몰라봬서 그저 죄송할 뿐입니다. 제 친구가 예술이 아닌 책을 내서 정말 정말 죄송합니다. 그럼, 앞으로도 굳건히 예술하십쇼.'

친구는 한 서점과도 문제가 생긴 모양이다. 이번에는 인상을 잔뜩 찌푸린 채로 말했다.

"아, 이 사람들 열받게 하네."

"왜? 이번엔 또 왜 그러는데?"

입고 메일을 보냈다. 보통 표지와 몇 장의 내지 사진, 그리고 책의 판형이나 페이지 수 같은 기본적인 판형을 보낸다고 했다. 대부분의 서점에서는 그것만으로 정보가 충분한지 입고의 가부 여부를 답하고는 했지만, 이 서점에서 보낸 메일은 조금 달랐다.

'정말 당황스럽네요.'

그가 보냈던 메일이 뭐가 마음에 들지 않았던 것 같다. 지금껏 대부분 같은 방식으로 입점 메일을 보내 진행했었기 때문에 그도 당황스러워했다. 서점에서 말한 사항들을 나름대로 수정하여 다시 메일을 보냈다고 했다.

'제가 이런저런 부분들이 문제였다고 말씀드렸는데 전혀 고쳐지지 않아서 정말 당황스럽네요. 이번에는 어렵겠지만 다음에 책을 내신다면 이런 부분들은 고쳐서 받아주시면 생각은 해 보겠습니다.'

그는 무슨 숙제라도 받는 기분이라고 했다. 그래도 독립출판 내에서도 친분을 쌓았는지 주위 작가들에게 물어보니 여간 깐깐한 곳이 아니라 했다. 그가 거절의 메일을 보낼 때 주로 쓰는 표현은 "정말 당황스럽네요."가 있다. 살면서 그렇게 당황스러운 일이 많다면 그의 삶은 한순간도 지루함이 없는 긴장감 넘치는 삶이 아닐까 하는 생각을 했다. 집과 회사를 반복할 뿐인 단조로운 삶을 살아가는 나에게는 다소 일순간도 긴장감을 놓칠 수 없도록 당황스러운 그의 삶이 부럽기까지 했다.

이후로는 매번 친구는 새 책이 나올 때마다 이 서점에선 입고를 전혀 받아주지 않을 거라는 것을 알면서도 그가 자신으로 인해 조금쯤 당황스럽기를 바라는 마음에 메일을 보냈다고 했다. 그가 보내는 메일을 읽을 때면 옆에서 지켜보는 나도 있는 그대로의 순도 100% 악의를 느낄 수 있었다. 아 이 사람은 정말 진심으로 친구를 싫어하고 있구나. 얘가 나 모르는 새에 그렇게까지 뭔가 이 사람에게 잘못한 일이 있을까? 생각해 봤지만, 얼굴도 이름도 모르는 사람일 것이 분명했다. 그도 내 친구의 이름도 얼굴도 모를 것이 분명했다. 그렇다면 그렇게까지 얘를 미워할 필요가 있을까? 단어와 문장에 실려있는 악의가 있는 그대로 느껴졌다. 정말 당황스러웠다.

최근에 나온 책의 입점 제안서를 보낼 때도 마찬가지로 친구는 나름의 오기가 생겼는지 이 서점에 가장 먼저 보냈다고 했다. 입점 제안서를 읽어는 봤는지 모르겠지만 그래도 답장은 꼬박꼬박 보내줬다. 그가 보냈던 메일의 전문을 첨부하여 본다.

안녕하세요, 김수연 님? (친구는 필명을 사용하고 있으며 김수연은 친구의 본명이다. 앞으로는 친구의 본명인 수연을 사용하여 기술하겠다.)

XXXX 입니다.

우선 입고 문의 메일 주셔서 감사합니다.
전달해주신 내용 꼼꼼하게 확인하였습니다.

죄송하지만 입고 진행할 수 없습니다.
책방 공간이 한정되어 있기 때문에 입고 문의 주신 서적을 소개할 수 없는 점 양해 부탁드립니다.

XXXX 드림.

이번 거절 메일은 일단은 굉장히 정중한 형식을 갖추고 있다. 수연이가 필명을 사용하고 있으며 메일 내용에도 필명을 사용했음에도 굳이 친구의 본명인 김수연 뒤에 물음표를 붙였다. 나는 이 메일을 보고 한참 웃었다. 미움이 깊으면 사랑이 피어난다. 수연이의 본명 뒤에 물음표를 붙인 이유는 분명 그에게 관심이 있고 궁금하다는 뜻이 분명할 것이다. 수연이는 다음에도 책을 내게 된다면 무조건 가장 먼저 메일을 보낼 것이라고 했다. 그렇다면 둘은 조금 더 친해질 수 있겠지. 사랑은 당황스러운 거니깐, 정말로.

어느 날 둘이 술을 잔뜩 마셨을 때 수연이가 입고에 대해 자신의 심정을 털어놓았다.

"아니 까놓고 책 안 받아 준다고 뭐라 할 수 있나. 책방에서도 많이 팔리는 책들을 입고 받고 싶은 건 당연한 거지. 무슨 사회주의 국가도 아니고 모든 사람이 평등할 수 없다는 건 나도 알아. 모든 사람이 평등할 수 없듯 모든 책도 평등할 수는 없겠지. 그렇지만 적어도 우리가 쓴 책들에 대해서 예술인지 아닌지를 함부로 평가하거나 입점이 하나의 권력이라고 해서 그것들을 함부로 휘두르거나 하면 안 되는 거지. 그리고 적어도 내 이름 김수연은 제대로 기억하지 못하더라도 내가 쓴 책들의 제목은 정확하게 기억해 줘야 되는 거 아니냐?"

"취했냐?"

"그게 내가 바라는 진짜 최소한의 선이고 그 선을 지키는 게 악의 반대가 아니잖아? 그냥 그게 하나의 예의다 예의. 우리는 예의를 지키며 살아가야 해."

침을 튀기며 잔뜩 열변을 토하는 그가 지난 달 월세를 냈는지를 생각해봤다. 가장 무례한 건 니잖아, 돈 내라 수연아 하고 말하자 그는 갑자기 고개를 꾸벅거리더니 잠든 척을 했다.

내가
쓴 글이
아닌 것 같아

수연이의 책은 생각보다 인기를 끌었다. 출판사에서 직접 정식 출간 얘기도 오가는 모양이었다. 수연은 원고를 정리해서 출판사에 보냈다. 며칠 뒤 편집자가 교정을 보고 편집을 한 원고를 받았다. 옆에서 지켜보면서 부러운 마음이 들기도 했다. 편집자는 교정을 본 원고를 인쇄해서 우편으로 보내주던가 pdf 파일로 보내주고는 했다. 가뜩이나 소심하고 사람들과 말을 잘 못하는 수연이 혹시 사람들에게 휘둘리지는 않을지 불안하기도 했다. 독립출판을 통해 내는 책과는 다르게 출판사에서 내는 책은 자신의 의지나 의사가 100% 다 들어갈 수는 없을 것 같았다. 그렇다고 해도 지키고 싶은 어떤 선은 분명히 존재할 것이다. 수연이가 책을 내는 과정을 옆에서 지켜봤다. 어떤 편집자들은 편집 과정에서 스스로가 작가가 되고 싶어 하는 것도 같았다. 교정본에서 수연이의 문장은 잘려 나갔고 새롭게 쓰이기도 했다. 그런 교정본을 옆에서 지켜보면 볼수록 수연이의 글이 아닌 것 같이 느껴졌다.

"이거 괜찮을까? 내가 쓴 글이 아닌 것 같아."

수연이도 불안했던 모양이다 나는 용기를 주려 말했다.

"큰 출판사던데 어련히 알아서 해주려고. 일단 믿고 하자는 대로 해봐."

드디어 출판사에서 책이 나왔다. 수연은 책을 읽어보며 떨떠름한 표정을 감추지 못했다. 뭔가 스스로도 마음에 들지 않는 눈치였다. 그러나 더욱 떨떠름한 일은 따로 있었다. 출판사 측에서는 추천사를 써 줄 사람 두 명을 찾아 수연에게 전달했다. 그 중 한 사람의 이름을 보고 그는 놀랐다. 한 서점의 사장이었다. 수연의 책의 입고를 더 이상 받지 않겠다고 몇 달 전 통보를 해 온 인물이었다.

"이게 말이 돼? 뭐 하는 사람이지?"

나는 입고를 받지 않은 서점의 사장이 책의 추천사를 써주는 것은 말이 안 되는 것 같다고 수연에게 말했다. 수연도 그렇게 생각했는지 출판사에 의견을 전달

했다. 출판사 측에서는 이미 비용을 지불하고 추천사를 받았으며 출간 일정이 촉박하여 추천사를 변경하기는 어렵다는 말을 했다.

"내가 다 화가 난다. 그 사람 추천사가 붙어 있느니 차라리 책이 나오지 않는 게 좋겠는데?"

"책은 나와야지."

오히려 수연이 차분하게 말했다. 이런 것이 정말 어른의 일이라는 걸까. 책의 입고를 받지도 않는 이의 책의 추천사를 쓸 때 그의 마음은 어떠했을까? 당연하게도 그의 추천사를 달고 새롭게 출간된 책도 그의 서점에는 입점되지 않았다. 나는 그 마음이 궁금했으나 알 방법은 없었다. 그 서점의 직원으로부터 얼마 뒤 메시지가 왔다. 출간 축하드려요! 나는 그가 보낸 메시지에는 수연이의 의중을 떠보려는 시도가 있거나 일말의 죄책감을 덜려는 사장의 의도가 담겼다고 생각했다. 만약 그에게도 죄책감 같은 것이 있다면 말이다.

돈

얘기부터

합시다

수연이의 책이 조금씩 인기를 얻기 시작하는 모양이었다. 책의 내용 중 일부는 뮤직비디오로 제작되기도 했다. 인스타로 DM이 왔다. 신인 가수를 제작한 제작자인데 이 글의 내용으로 뮤직비디오를 만들고 싶다고 했다. 수연이는 출판사와 같이 상의해야 하는 문제라고 하고 출판사의 연락처를 알려주었다.

이후로 몇 달 뒤 출판사로부터 뮤직비디오가 제작되었으며 금액이 소액이라 전액을 주겠다는 연락과 함께 핸드폰으로 입금이 됐다는 메시지가 왔다.

수연이는 화를 냈다.

"뮤직비디오가 제작된다면 출판사에서 나에게도 의사를 묻고 진행 과정을 알려줘야 하는 거 아냐?"

자신이 제작자에게 출판사의 연락처를 알려 준 것은 협의 후 협의 과정을 본인에게도 전달 해 달라는 뜻이었지 전권을 위임한 건 아니라고 했다. 계약서를 살펴보자 영상화 등 2차 창작물에 대한 출판사와 작가 사이의 권리에 대하여 쓰여있으며 진행 과정은 반드시 원작자와 협의하도록 되어있었다.

"계약을 해지하고 싶어."

수연은 말했다. 그가 그렇게 굳건하게 말을 하는 것은 오랜만이었다.

"그래도 출판사에서 책을 낸 건 좋은 일 아냐?"

"그래도 이건 좀 아닌 것 같아."

수연은 출판사에 계약을 해지하고 싶다는 의사를 통보했다. 몇 번의 메일이 오간 뒤 판권은 수연에게로 돌아왔다. 나는 이 과정이 조금 성급하다고 느꼈다. 이유는 나중에야 알게되었지만 뮤직비디오는 제작사 측에서 무단으로 이미 제작하였으며 그 통보를 출판사 측에 했다고 했다. 출판사에서도 당황하여 비용을 지불해야 한다고 하였으나 중소 업체라 많은 금액을 낼 수 없다고 하여 출판사에서 제시한 비용도 깎았다고 말했다. 출판사 측에서도 큰 노력을 해 주었다는 것을 알았을 때 수연이는 많은 죄책감을 느꼈다. 나쁜 건 무단으로 도용한 뮤직비디오의 제작사 대표일 것이다. 어떻게 창작을 한다는 사람이 다른 이의 글을 무단으로 사용하여 영상을 제작한 뒤 무단으로 통보를 할 수 있을까. 영세한 중소 기획사라지만 글 이후의 내용도 마음대로 지어내어 2편, 3편까지 제작이 되었다. 심란해하는 수연을 그냥 지켜볼 수 없어 여기저기 저작권에 관한 상담을 하였을 때 이미 대금을 지불받아 어찌할 방법이 없다고 했다.

얼마 뒤 다른 업체에서 수연에게 연락이 왔다. 역시 이 글의 내용으로 단편 영화를 제작하고 싶다고 했다. 유튜브 채널을 운영 중이었으며 유명한 연예인 몇 명을 섭외하며 채널을 운영하고 있었다. 수연이는 저 일화를 설명한 뒤 본인이 공식적으로 인정한 영상이 있으면 좋겠다고 얘기했다. 나는 수연이가 못미더워 이번에는 미팅에 직접 따라가 보기로 했다.

옆에서 보기에 미팅의 과정은 순조로웠다. 사람들은 수연의 팬임을 자처하며 책에 싸인을 받았지만 팬인 것처럼 보이지는 않았다. 그저 몇 줄의 글에 끌려 영상을 만들고자 했을 것이다. 가끔은 수연의 책 한 권 본 적 없고 그가 어떤 글을 쓰는지도 모르면서 팬이라고 하면서 응원한다고 말한다는 사람들을 보았다. 나는 그때마다 응원 같은 거 제발 때려치우고 수연이가 그의 월세를 제대로 지불할 수 있도록 그의 책을 좀 사줬으면 좋겠다고 생각했다. 아니면 팬이란 소리를 하지 말던가. 아마도 그들은 수연이를 응원하며 자신의 자존감을 지키려는 속셈일 것이다. 내가 아무리 속이 꼬이고 뒤틀린 사람일지라도 이것만은 아마 사실에 가까울 것이다. 나는 너의 책을 사지는 않았지만, 너같이 일을 그만두고 자신의 길을 가며 책을 쓰는 사람을 응원하기는 해. 그럴 때마다 수연이 느끼는 감정이 궁금했다. 자격지심일까, 열등감일까. 응원한다고 말을 하는 사람 중 몇 명이나 책을 샀을까. 나는 이 실없는 말들이나 의미 없는 말들이 세상에서 없어졌으면 좋겠다고 생각했다. 말이 그렇다는 거다.

미팅 이전에 DM으로 이야기를 나눴었다. 돈 얘기를 하지 않아 나는 일단 의심부터 하라고 했다. 어떤 계약을 진행하든 돈 얘기를 가장 먼저 해야 한다. 이게 징글징글하고 진절머리 나는 일이지만 대가를 지불할 건지 아닌지, 지불한다면 어느 정도의 금액을 지불할 것인지를 먼저 말하지 않는 이들은 대부분 사기꾼에 가깝다.

미팅에서 수연이는 영상이 만들어졌으면 좋겠다고 말했다. 미팅에 나가기 전 최대한 떨떠름하고 미적지근한 자세를 보이라고 수연에게 말해두었으나 들은 체도 안 하고 단호하게 말했다. 최근에 무단으로 도용당하여 자기가 공식적으로 계약을 한 영상이 있었으면 좋겠다고 말을 했다. 그들은 일정 구간의 금액을 이야기했다. 최소 금액과 최대 금액이 두 배 차이가 났다. 내가 나설 차례였다. 받을 수 있는 거라면 최대한 많은 금액을 받고 싶다. 그들도 대표에게 확인해야 하겠지만 최대한 수연에게 도움이 될 수 있도록 노력하겠다고 했다.

다음으로 연락이 왔을 때 그들은 최소금액을 이야기했다.

나는 수연에게 답장을 하지 말라고 말했다.

다음으로 연락이 왔을 때도 우리는 답장을 하지 않았다.

다음으로 연락이 왔을 때 나는 말했던 것 중 최대 금액을 받고 싶다고 말을 하라고 했다.

며칠 뒤 그럼 그렇게 하자며 사무실로 계약서를 작성하러 오라고 했다.

수연이는 과연 그 최대 금액을 받게 되어서 기쁘고 즐거웠을까? 옆에서 조언하는 나조차 수치심과 자괴감이 들었다. 흉악한 간계다. 나는 그들이 결국에는 최대 금액을 지불할 것이며 설령 그러지 않고 영상화를 포기한다 하더라도 어차피 내 일이 아니니 상관없다는 마음이 있었다. 물론 사업을 하는 입장에선 비용을 최소로 줄이면서 영상을 만들어내고 싶었을 것이다. 그 과정에서 벌어진 줄다리기에서 우리는 이겼고 수연이는 원하는 금액을 받을 수 있었다. 그렇지만 이 재고 따지는 과정 자체가 수연이가 스스로 역겹다고 생각하게 만든 것 같았다. 장사꾼 같다는 생각도 했다. 아마도 이런 것이 사람의 일일 것이지만 그는 어쩌면 사람의 일을 견뎌내지 못할 것 같다고 생각했다. 자고 먹고 싸는 일 사이에 자신이 원하는 바를 이루기 위해 하는 줄다리기들에서 그는 있는 힘을 다해 뒤로 누워 이겨냈지만 결국 다시는 일어나지 못할 것만 같았다. 처음 독립출판을 시작했을 때와는 달리 수연이는 많이 지쳐 보였다.

잃어버린
언니를
찾아서

수연의 다른 책을 영상화하고 싶다는 제안이 왔다. 우리는 다시 같이 찾아가 보기로 했다. 나는 연차를 내고 수연이와 드라마 제작사에 찾아갔다. 강남 신사동에서 두 명의 대표가 우리를 맞이했다. 뭐 나름 한때 잘나갔었던 영화감독이 수연이의 책을 재밌게 읽었다 하는 말이 오가고 계약금을 말해줬다. 다음에 도장 찍으러 올 때는 밥도 먹고 샴페인도 마시고 신나게 파티도 해야지, 대표 중 한 명이 말했다.

나는 집에 가서 인맥을 긁어모아 드라마 작가들과 연결되어 물어볼 수 있었다. 책이 원작이고 드라마화가 된다는데 계약금으로 이 금액을 얘기하더라. 이게 맞는 거냐. 대부분 터무니없이 작은 액수라고 말을 했다. 나는 수연에게 제작사에 연락하여 말씀하신 금액보다는 더 받고 싶다고 말을 하라고 했다.

이후로 제작사가 보내온 답장은 예상치 못한 것이었다. 계약 이야기가 오갔던 책과 미팅 때 이야기하지 않았던 다른 책까지 포함하여 약간의 웃돈을 얹은 금액에 계약하고 두 책으로 인해 법적인 분쟁이 생겼을 때 수연이가 모든 책임을 져야 한다는 내용이었다. 나는 왜 미팅 때 우리가 하지 않았던 말들이 적혀있는지 짜증이 났다. 다른 책 이야기는 한 적도 없었다.

"다 때려 치고 싶다, 진짜."

"그럼 월세는."

"해야지 그럼."

며칠 뒤 다시 대표에게 전화가 왔다. 그냥 알겠다고 하고 처음 제시했던 금액으로 계약하기로 했다.

다시 찾아간 사무실에서 대표가 어색한 웃음을 지으며 나왔다. 계약서를 담당하는 직원도 있었다. 그는 어디서 뭘 듣고 난리를 피운 거야, 하고 혼잣말을 했다. 나는 못 들은 척을 했으나 수연의 표정이 어두워지는 것을 보았다. 빠르게 도장을 찍고 집에 가고 싶었다. 대표가 나에게 핸드폰으로 수연이 도장을 찍는 장면을 촬영해 달라고 했다. 영광스러운 장면인데 기념 촬영을 해야지. 집에 가려는데 대표가 수연이를 붙잡았다. 밥이라도 주려나? 샴페인 터트리나? 하고 바라봤으나 대표는 어디선가 박스를 하나 가져왔다. 클러치 백이었다. 대표는 클러치백을 수연에게 건네면서 말했다. 작가는 이런 가방 들어야지 그래야 폼도 나고 그러는 거야. 그러면서 박스를 같이 건네줬다. 언박싱해야지 언박싱. 집에 가서 둘이 같이 박스 열고 그렇게 해.

언니가 조만간 연락할게. 그녀는 말했다. 나는 이 사람이 두 번 다시 수연에게 연락할 일은 없을 거라는 걸 직감적으로 알았다. 그녀는 직원을 보며 말했다. 이제부터 수연이랑 언니 동생 하기로 했어. 호호, 내 맘대로.

집에 오는 길 박스는 지하철역 쓰레기통에 버렸다. 선물로 명품 가방이라도 준 건가 싶어 수연이와 같이 인터넷에서 검색해 본 가방은 10여만 원 짜리 이름을 들어보지 못한 국산 브랜드였다.

집에 오자마자 수연이 몰래 당근마켓에 올렸으나 5만 원까지 가격을 내려보아도 누구도 사가지 않았다. 대표로부터 수연에게 두 번 다시 연락이 오는 일은 없었다.

정산

"정산을 잘 안 해주네."

"책은 팔리는데?"

"어. 입고는 계속 해달라고 하는데 돈을 안 줘."

책의 판매는 제대로 되고 있는 것 같지만 정산이 되지 않는다는 말이었다. 처음에는 밀린 월세에 대한 핑계라고 생각했으나 분명 그런 서점들이 있는 것 같았다.

"대부분은 세 달이나 여섯 달이나 이렇게 기간 정해놓고 정산을 해주는데 몇몇 서점들은 1년이 넘어도 도무지 정산해 줄 생각을 안 해."

"진짜?"

"근데 또 웃긴 건 막 이것저것 엄청 해. 워크숍도 활발하게 하고 분점도 내고. 어디서 그 돈이 나는지 모르겠어."

"정산 안 해주고 그 돈으로 하는 거 아냐?"

"잘은 몰라도 대출 받아서 하는 거 같아."

"아무리 그래도 정산부터 해 줘야지."

장부가 아예 없는 곳도 있는 것 같다, 라는 것이 수연의 말이었다. 에이 설마 그 정도일려구. 나는 대답을 하면서도 속으로는 그럴 수도 있을 것 같다고 생각했다. 정산이 정해진 일자에 들어오지 않는 몇몇 서점에 수연 대신 직접 전화를 걸어 문의했다. 서점 사정이 좋지 않아서 정산을 해주지 않는 것처럼 보이진 않았다. 아니 서점의 사정이 어렵더라도 판매된 책의 정산이 제대로 되지 않는다면 서점을 운영하면 안 되는 게 아닌가 싶기도 했다. 몇몇 서점은 책을 입고한 지 얼마 안 되어서 폐업을 하거나 폐업을 한 뒤에도 입고되었던 책을 돌려주지 않았다. 폐업한 뒤로 돌려주지 않는 책들을 독립출판 마켓에 나가 직접 팔고 있더라는 소문을 들었을 때는 기도 안 차 웃음조차 나오질 않았다.

나는 수연이 대신 정산을 제대로 해주지 않는 서점들에 직접 전화를 걸어 어떻게든 받아내기로 했다. 수연은 그게 좀 못마땅한 것 같았다.

"그러다 서점들한테 밉보이면 어떻게 해."

아무래도 서점에 입고를 받아주냐 받아주지 않냐가 수연이 같은 독립출판 제작자들에게는 큰 문제이다 보니 그런 점들이 걱정되는 것 같았다.

"아무리 책을 받아주면 뭐 하냐 팔려도 돈을 안 주는데."

나는 말하며 계속 정산을 몇 년씩 해주지 않는 서점들에 계속 전화를 걸었다. 한 서점에서는 오히려 몇 권을 입고했고 몇 권이 팔렸는지 혹시 아느냐고 나에게 되묻기도 했다. 장부가 없는 서점이 있을 수도 있다는 생각이 든 것은 이런 서점들이 간혹 있었기 때문이다. 골치가 아파왔다. 장부가 없는 것 같은 서점에는 몇 달에 걸쳐 전화해서 돈을 받아냈다. 마지막으로 전화를 걸었을 때의 변명은 해주려고 했는데 바로 어제 팔이 부러져서 못 해줬다고 했다. 그러고는 으레 그 얘기를 했다. 책이 몇 권이 입고되어 얼마나 팔렸는지 혹시 아느냐고 내게 물어보기에 그런 건 사장님이 계산해 주셔야 하는 게 아니냐고 물었다. 얼마 뒤 얼마간의 금액이 입금되고 메일이 왔다. 아마 이 정도 입고되고 이 정도 팔렸을 거예요. 나는 아마 이 정도로 화가 나고 이 정도로 한숨이 나왔다.

독립출판을 해 본 적이 있다면 한 서점의 일을 기억할 것이다. 아직도 영업 중인지 폐업을 했는지 알 수조차 없는 그 서점은 몇 년 전 올라온 인스타 피드가 마지막이다. 댓글이 수십 개가 달렸다. 피드의 내용은 동일했다. 정산해주세요. 사장님 제발 답변 좀 주세요. 그 서점에서 제대로 정산받은 사람은 많지 않은 것 같았다. 아득바득 찾아가고 연락을 취해 정산받았다는 사람들이 있었으나 대부분은 본업이 따로 있기도 했고 또 돈 이야기를 하는 것에 익숙하지 않아 그저 돈을 떼인 채로 속만 태우는 경우가 많았다.

악령을 찾아서

악령. 중장년의 남자를 나는 악령으로 호칭하기로 하였다.

그를 처음 본 것은 수연이와 함께 나간 독립출판 마켓이었다. 독립출판물을 판매하는 제작자들이 모여 각자의 창작물들을 판매하는 자리에 나타난 그는 수연의 테이블 앞에서 말을 걸어왔다. 마치 중고등학교 국사 선생님처럼 개량 한복 비스무리한 복장을 착용한 그는 배 나온 아저씨 그 이상도 이하도 아니었다. 마치 살면서 외양으로 인한 칭찬은 한 번도 들어보지 못했을 법한 수더분한 인상이었다. 한참을 수연이 앞에서 서성거리며 말을 걸어왔다. 나는 수연이 불편해하는 게 보였기 때문에 어색한 웃음을 지으며 대화를 나누는 그를 웃음을 참으며 지켜 보았다. 마침내 그가 밝힌 그의 정체는 지방의 한 서점의 주인이었다.

그의 소식을 눈여겨보게 된 것은 작년 말부터의 행보였다. 운영하던 서점을 다른 사람에게 넘기고 다른 지방으로 가 다른 사람의 서점을 인수한다는 것이었다. 궁금하여 수연이를 통해 그에게 개인적으로 물어

보기로 했다. 사모님과 아이들도 같이 가는 건가요? 아니야, 혼자 가게 되었네. 나는 유년의 아이들을 두고 타지로 혼자 떠난다는 그의 선택에 의구심을 느꼈으나 내 일 아니니깐 3초 정도 의아해하고 말 뿐이었다.

그가 옮겨가는 서점에는 우리도 한 번 기회가 되어 방문했던 적이 있었다. 지방의 한 국립대 근처에 열려 있던 그 서점은 다른 서점들에 비해 상대적으로 넓고 커피와 맥주를 팔며 젊은 사람이 많이 찾아오는 듯한 서점이었다. 나는 왜 자신이 살던 동네에서 운영하던 서점을 꾸준히 잘해 볼 생각을 하지 않고 옮겨가는 것인가 의구심을 느꼈으나 어차피 내 일도 아닌데 알아서 잘 하겠지 하고 다시 3초 정도 의아해하고 말았다.

그가 거처를 옮긴 이후 수연에게 연락이 왔다. 서점을 새로 열고 처음으로 팔린 책이 수연의 책이었다는 것이다. 새롭게 운영을 맡은 이후 이런저런 소모임을 진행한다는 이야기를 들었다. 나는 나름 잘 돌아가고 있나 보다 생각했는데 몇 달 후 그가 다시 서점을 인수할 사람을 구한다는 소리를 들었다. 나는 수연에게 말했다. 1년 사이에 서점을 두 번이나 파네.

이 과정에서 흘러나온 잡음들은 장치와 설정이 얼기설기 얽힌 조악한 희극이라고 밖에는 생각되지 않는다. 전해 들은 그 일부를 소개하여 보기로 한다. 새로 운영하게 될 사람들이 서점 한쪽에 걸려있는 그가 직접 그린 그림을 치웠다가 그의 분노를 사서 그가 서점 문을 자전거 자물쇠로 잠가 놓았다. 서점의 수익을 부풀려 과장하여 비싸게 넘기기 위하여 갖은 수를 쓰고 있다. 그가 운영하는 동안 진행하는 소모임에서 단골에게 과도하게 친한 척을 하여 단골이 강하게 항의한 뒤 발길을 끊었다. 부인과 자녀를 남겨두고 홀로 타지로 옮겨가 낭만과 청춘을 부르짖던 중년의 남성이 보인 행보라고는 볼 수 없는 추잡한 일들이었다. "서점을 연 뒤로 젊은 여자들이 나에게 호감을 자주 보이고는 해. 근데 난 처자식이 있는 몸이라 그 호의들에 다 답해 줄 수 없어 죄책감을 많이 느껴." 라던 그의 말이 떠올랐다. 독립서점이라는 젊은이들이 주로 찾는 문화의 한 거점을 운영하는 것으로 젊은 사람들이 많이 찾아와 서점과 독립출판이라는 문화에 관심을 보이는 것을 자신에 대한 호감과 관심으로 착각하는 것이 아닌가 싶었다. 나는 다시 한번 그의 외양과 그 외양을 둘러싸고 있는 후덕한 풍채를 떠올려 보았다.

이후로 듣게 된 그와 관련된 소식들은 입에 담기 어렵다. 원래 있던 서점을 넘기고 올 때도 서점의 매출을 말도 안 되게 부풀렸다, 새로운 서점을 인수할 때 전에 운영하던 사장과 금전적인 부분에서 트러블이 있었다. 새로 운영하게 된 사람들이 마음에 안 들어 자신도 전에 운영하던 이에게 넘겨받은 SNS 계정의 비밀번호를 바꾸고 휴식의 공지를 올렸다. 새로 운영하게 될 이들과 문제가 생긴 결정적인 계기는 이들이 정산을 위해 그 전까지의 정산의 기록을 인계해 주도록 요청하였기 때문이다. 그는 서점을 새로 맡은 이후로 한 번도 정산해 준 일이 없으며 장부를 보여달라는 말에 화를 내며 어물쩡거렸던 이유는 아마도 장부를 기록해 두지 않았기 때문이 아니니까 싶다.

그가 우여곡절 끝에 서점의 운영을 새로운 이들에게 넘긴 후 대부분 제작자에 대한 팔로우를 끊었다. 그가 운영하던 기간 판매되었던 금액은 아직도 정산되지 않고 있으며 마지막으로 수연이 그의 안부를 물었을 때 그가 남긴 말로는

"이제는 정말 진실한 마음으로 글쓰기에만 집중할 수 있을 것 같아." 가 있었다.

진실한 마음, 글쓰기 어느 하나 믿을 것이 없어 집중만이 그에게 남은 듯하다. 방향과 마음을 가질 곳 없이 한데 모인 집념은 얼마나 추악하고 고약한 냄새를 풍기는가.

두 분이
싸우셨다는
이야기를
들었습니다

이즈음에 그는 책과 관련해서 도무지 어떠한 일에도 상관없다는 태도를 보였다. 이건 한 서점에 초청받아 같이 다녀왔을 때의 일과 관련이 있는 것 같았다. 서점에는 같이 방문하여 식사하며 책에 대한 이야기를 나누는 가벼운 자리였다. 식사를 하며 책에 대한 이야기를 나누는데 어느 순간부터 수연은 배제된 느낌을 받았다. 찾아온 손님 중에 누가 봐도 아름다운 미모의 여성이 있었고 서점의 사장은 그녀에게 계속해서 말을 걸었다. 수연이 말을 하려고 하자 오른손 검지를 들어 입에다 가져다 대며 "이럴 때는 그냥 가만있는 거예요." 라는 말을 하기도 했다. 수연은 한동안 말도 못 하고 가만있다가 밖으로 슬그머니 나갔다. 아무도 신경쓰지 않았다. 나는 사람들과 이야기하다가 조용히 따라나섰다.

"집에 갈래?"

"아니, 괜찮아."

"왜, 나도 여기 별로야."

"지금 가면 다들 불편할 거 아냐."

수연은 그 와중에도 서점 사장을 배려하려 했다. 결국 조금 더 머물다가 어색하게 인사를 나눈 뒤에야 집에 갈 수 있었다.

한때 가깝게 지내던 두 서점이 서로 다투고 멀어졌다는 이야기를 듣게 되었다. 그러는 와중에 SNS에서는 각자의 입장을 이야기했다. '사람은 오래 두고 봐야 그 진면목을 알게 된다.' '알바들이 오래 버티지 못하고 금방 그만두는 것에는 이유가 있다.' 라는 말들이 올라왔다.

"두 분 다 많이 화가 나셨나 보네."

내가 말했을 때 수연은 심드렁하게 답했다.

"상관없어. 어차피 둘 다 나랑 안 친한 서점들이야."

두 서점의 싸움은 SNS상에서 점점 커져가는 것 같았다. 유명한 독립출판 작가들이 자신의 서점에만 책을 입고시키기를 바라고 영입하려고 노력하고 있다는 소문이 돌았다. 유명한 작가들을 불러 놓고 너는 어느 편인지를 물었다고 했다. 나는 수연이가 어느 편에 설 것인지가 궁금해져서 물어봤다.

"너도 어디서 연락 온 것 있어?"

"아니 아무 데서도. 난 아무 상관 없어. 둘 다 안 친해."

그러는 와중에 수연의 컴퓨터로 검색하려고 들여다보다가 우연히 메모장 한 구석에 쓰인 글을 보게 되었다. 아무리 봐도 편지 같았다.

'존경하는 ㅇㅇㅇ사장님. 저는 김수연이라고 합니다. 이런 제목의 책을 내었습니다. 저는 언제나 사장님의 충실한 심복이 될 준비가 되어 있습니다' 로 시작되는 구구절절 어느 한 문장이고 구차하지 않은 구석이 없는 장문의 편지글이었다. 더욱 놀라운 것은 두 서점 모두에게 이름만 바꿔서 각각 한 통씩 보냈다는 점이었다. 다시 아무 상관 없다던 그의 심드렁했던 모습을 떠올렸다.

'이 새끼가...'

작가님이
행복해지시기만을
바랄 뿐이에요1

수연의 글은 유명해졌다. 입고가 잘 안된다며 징징대던 그도 먼저 입고 제안을 받기도 했다. 의기양양한 모습이 눈꼴시렸지만 그래도 잘 된다니 다행이었다. 몇몇 서점에서는 독립출판에 대한 강의나 책을 주제로 이야기를 나누는 북토크도 제안받는 모양이었다. 하루는 강의를 다녀와서 씩씩대고 있길래 무슨 일이냐 물었더니 답했다.

"아니, 어떤 사람이 내 욕을 하고 다니는 모양이더라고. 내 강의가 형편없었다면서."

수연이 독립출판에 대한 강의를 몇 번 했는데 그걸 들었던 사람 중 한 명이 뭔가 마음이 들지 않았던 부분이 있었던 모양이었다. 그가 다른 서점에서 다른 강의를 들으며 사람들에게 수연이에 대한 말을 몇 마디 했는데 그게 수연의 귀에 들어가게 되었다. 좁은 바닥이라 소문이 빨리 돌았다. 했던 말이나 하지 않은 말들이 전해지기도 했다. 유독 수연이가 강의할 때 반응도 좋고 호응도 많이 했던 사람이라 배신감이 더 크다고 했다.

하루는 퇴근 후 집에 와보니 짐을 바리바리 싸고 있었다.

"어디가?"

"어, 산에 좀 다녀오려고."

"산에?"

"나 일자리 찾은 것 같다. 숙식 제공이라 이 집에서도 금방 나갈 것 같다. 잘 살아라, 임마."

밀린 월세는 내고 가냐? 하고 받아쳤지만 몇 년간 같이 살아온 그가 떠난다니 아쉬운 마음이 컸다. 그치만 이렇게 금방 일을 구할 수 있는가 의아한 마음이 들어 그에게 물었다.

"뭐 공장 같은데 들어가는 거야?"

그가 말해준 이야기로는 다음과 같았다. 이름을 밝힐 수는 없는 서울 근교의 한 서점과 연관되어 일어났던 이 이야기는 지나고 나서 생각해 보니 모든 욕망이 얽히고섥혀 뒤죽박죽이 되어 있었던 이야기였다. 욕망의 선악과 미추를 구분하는 일에 의미가 있을까. 그 중의 가장 추악한 부분은 과연 누구였을까. 가장 더럽고 추악한 위치에서 보는 세상은 언제나 아름다워 보일 수 있을까.

"집 근처로 찾아왔더라고. 내 책을 재밌게 읽었다면서."

서울 근교의 한 서점에서 수연이의 책을 재밌게 읽었다는 사람이 수연에게 SNS로 메시지를 보내 찾아 찾아왔다고 했다. 그는 수연에게 작가님 작가님 하고 부르며 자신의 SNS 계정에 책에 관해 이야기를 올린 것을 보여주었다고 했다. 영감을 받았다. 사람들에게 감동을 주는 책이다. 지하철을 타고 서울의 근교에서 두 시간 걸려 왔다는 그는 수연에게 이런저런 얘기를 했다. 자신이 어떻게 살아왔으며 어떻게 살아갈 것인지에 대해. 사람들을 돕는 일을 하고 싶다. 다른 사람들이 행복해졌으면 한다. 작가님 같은 분을 찾고 있었다. 사람들이 조금 더 아름답고 행복하게 사는 것이 자신의 꿈이다, 라는 이야기를 했으며 수연이가 자신들이 찾던 그런 사람이라고 했다. 부디 그 재능을 이용해서 사람들을 행복하게 해 달라, 그는 수연에게 일자리를 주겠다고도 했다. 이곳에 첫 번째 욕망이 피어올랐다.

잘 다니던 회사를 그만두고 간신히 작가라는 호칭을 얻어냈지만 책을 판 돈만으로는 생계가 어렵던 수연에게는 솔깃한 제안이었다. 무슨 일을 하면 되냐는 말에 그는 그 지역의 작은 식당이나 점포들을 소개하고 글을 써 주면 먹고살기에 부족하지 않을 연봉을 주겠다고 했다. 그런 일을 하는 것만으로도 정말 돈을 벌 수 있냐, 라는 질문에 그럼요, 돼요, 그는 당당하게 대답했다. 정말 나에게 일을 시킬 마음이 있느냐, 하고 수연이 물었을 때 그러니깐 두 시간 동안 지하철을 타고 작가님을 뵈러 왔죠, 라고 대답했다.

전에 국회의원의 보좌관을 지냈으며 고위직 공무원이었다는 그는, 나라의 숨겨진 예산을 활용하는 것에는 자신이 있다고 했다. 정확하게 어디에 내가 소속돼서 일하냐고 수연이 묻자 지금은 병원에서 일하고 있으며 협동조합을 새로 설립해서 지역 발전에 도움이 되는 일을 하는 것이라고 했다. 그리고 몇 군데의 병원과 연락해서 병원 사람들을 인터뷰하고 마케팅을 돕는 일을 한다. 다른 마케팅 업체들과는 달리 자신들은 마음이 맞는 소수의 병원과만 계약하고 집중적으로 관리를 할 것이며 그 과정에서 수연이 인터뷰라던지의 일을 할 수 있냐고 물었다. 할 수 있을 거 같다고 이야기하자 그 부분이 가장 걱정했던 부분이라며 자신 있게 대답해 주어 고맙다고 했다. 자신의 가장 친한 친구와 수연이가 많이 닮았다는 말을 남기며 그는 돌아갔다.

"진짜 이사 가는 거야?"

"어 병원인데 병원에서 오피스텔 구했대. 병원에 소속되어서 홍보만 좀 해주면서 글만 쓰면 된대."

"그래 뭐라도 해봐라. 책 팔아서 먹고살 정도는 아니잖아. 근데 진짜 그것만 하면 월급을 준데?"

정말 그런 일만 해서 돈을 벌 수 있는 건가요? 몇 번을 물어도 그의 대답은 한결같았다고 했다. 그럼요. 할 수 있죠. 작가님이야말로 바로 저희가 찾던 그런 분이세요. 제가 바라는 것은 작가님이 행복해 지시는 것뿐이에요. 작가님이 행복해지셔야만 제가 행복해질 수 있어요. 이때는 이 말이 무슨 뜻인지 우리는 아직 알 수 없었다.

얼마 뒤 그에게서 다시 연락이 왔다. 병원장님을 한 번 뵈어라. 두 시간이 걸려 지하철을 타고 수연이는 그 지역으로 갔다. 병원장님 뵙고 그 서점에도 같이 가서 사장님도 뵙고요. 열두 시에 출발하여 두 시에 도착했다. 병원을 찾아가 잠시 기다린 뒤 병원장이라는 사람을 보았다.

확실하게 일을 할 수 있을 것이라는 처음의 이야기와는 달리 병원장은 수연이에게 한 가지 제안했다. 병원에서 자체적으로 진행하고 있는 어떤 프로그램을 다녀와라. 9박 10일간 산에 들어가서 체질을 분석하고 체질에 맞는 음식을 먹고 좋은 환경 속에서 좋은 사람들과 지내며 명상과 체조를 통해 건강해질 수 있다. 100만 원이 넘는 참가비를 직원가로 본인이 직접 내주겠다. 다녀와서 병원 홈페이지에 홍보 글을 올려줄 수 있냐고 말을 했다.

나는 이야기를 듣다가 물었다.

"그래서 산에 가는 거야?"

"어. 일단은 가 보려고. 그거 가야 일 시켜준대."

"뭐 하는 곳인데, 대체?"

그는 다시 말을 이어 나갔다. 혹시 한의사세요? 하고 물어봤다. 한의학은 맥과 혈을 짚어 인간의 체질과 사상을 분석하여 기와 흐름을 통해 인간 신체의 원리를 분석하는 훌륭한 동양 전통의 학문이다. 병원장은 그렇다고 이야기했다. 그럼 이 프로그램이 대체의학... 자연치유 쪽이신 거죠? 하고 묻자 그의 안색이 달라졌다. 수연이는 뭔가 말실수를 한 것인가 하고 후회했다. 뭐 굳이 그렇게 표현하자면 그럴 수도 있지. 사람들이 그렇게 규정하고 있고 또 정확하게 표현하자면 그렇게 이야기할 수 있지. 그는 괜한 말을 한 것은 아닌가 하는 생각에 말한 것을 조금 후회했다. 상황을 바꿔보고자 그는 이야기를 조금 덧붙였다. '나는 자연인이다.' 라는 프로그램을 즐겨 본다. 산에 가서 건강한 음식과 좋은 마음을 가지며 불치라고 양의학에서 판정받았던 병을 이겨내고 오래 사는 사람들을 봤다. 결국엔 집에서도 혼자 할 수 있는 일 아닌가요? 하고 덧붙이자 병원장의 안색이 조금 더 안 좋아졌다. 침묵이 흐르자 수연이는 분위기의 맥과 혈을 짚어 이야기의 체질과 사상을 분석하여 기와 흐름을 통해 사람들 사이의 원리를 분석해내고 싶었다. 그런데 간단한 일 같은데 집에서 혼자 그렇게 하는 게 쉽지 않으니깐 프로그램을 통해서 사람들이 체험하게 하자는 거죠? 하고 간신히 다시 물었다. 그렇지. 그러다 보면 결국에는 암까지도 고칠 수 있고. 우려했던 말이 결국 그의 입을 통해 나왔다. 이번에는 수연이는 자신의 안색을 걱정했다. 표정이나 기분을 숨기는 것에 익숙하지 않은 친구였다. 그는 뭔가 잘못되어 가고 있다고 생각했으나 일을 할 수 있을지도 모른다는 욕망에 애써 자신의 의구심을 감추려 했다.

제시했던 9박 10일의 일정 중에 선약이 있어 이야기했더니 그럼 3박 4일이라도 다녀오고 후기를 글로 남겨달라고 했다. 그래도 그게 65만 원짜리를 공짜로 다녀오시는 거예요. 생각지도 못한 제안에 조금 당황했다. 병원장과 만나러 오라는 자리에서 나는 연봉이나 일을 언제 시작하고 어떻게 하면 되는지 구체적인 이야기를 들을 수 있을 줄 알았는데 그런 부분에 대해서는 아무것도 이야기해 주지 않았다. 그 대신에 수연이가 들은 것은 3박 4일로 산에 다녀오라는 말과 자연 치유에 관한 책 세 권을 주며 읽고 정리해서 블로그에 글을 올려달라, 라는 것이었다.

병원을 나와서 그와 수연이를 연결해 주었던 그 책방에 가는 길에 그는 오피스텔을 보여주겠다고 했다. 새로 지은 오피스텔의 14층에 있는 그곳은 전망도 좋고 방도 세 개나 있는 넓은 곳이었다. 큰 방과 거실은 사무실로 쓰고 남은 방 두 개 중 하나는 작가님이 사시면서 일하시면 돼요. 거의 친구 집에 얹혀살다시피 하던 그가 더욱 하늘에 가까운 곳에 살 수 있다. 급격한 신분 상승의 꿈에 수연이의 욕망은 다시 꿈틀거렸다. 투자자 K씨에 대한 이야기를 여기서 처음 들었다. 오피스텔을 계약해 주실 분이다. 이번 주 일요일에 오피스텔을 계약할 예정인데 수연씨를 보고 싶어 하니 부평에 다시 와 달라, 라는 말을 했다. K씨도 책을 읽고 나서 수연이를 보고 싶어 한다고 이야기했다. 연락처를 줘도 되냐고 물어 그러라고 했다. 그때 수연이는 오피스텔 방 한쪽에서 사는 스스로를 상상했다. 책상은 여기에 두고 컴퓨터는 여기에 두고 프린터는 여기에 두고 글을 써야지. 일과가 끝나면 서점에도 놀러 가서 책도 읽고 그래야지.

오피스텔을 나와서 병원장과 투자자 K씨를 연결해주었던 그 책방에 가는 길에 그는 다시 혼란스러워졌다. 연봉이나 일을 언제부터 시작할지 대충이라도 들을 줄 알았던 이야기는 결국 아무것도 들은 것이 없다. 9박 10일의 일정을 줄여 3박 4일간 산에 다녀와야 한다. 오피스텔을 계약하는 날 자신이 와야 한다. 책을 읽고 정리해달라. 수연이가 들은 것은 이것들이 전부였다. 궁금했던 그 서점에 가서 그는 궁금했던 사장님과 이야기를 나누지도 않고 책만 들여다봤다.

책방에서 한참 서성이다 나온 시간은 다섯 시쯤이었다. 그는 병원으로 돌아갔고 수연이는 지하철을 타고 집으로 가면 벌써 저녁 시간이 될 것 같았다. 아침부터 아무것도 먹지 못한 것이 생각나 근처 식당에서 짜장면 곱빼기를 시켜 먹던 중 한 가지 생각만이 머릿속에 계속 맴돌았다고 한다.

'아, 그냥 보통으로 먹을걸.'

여기서 나는 당황하여 수연이에게 다시 물었다.

"밥 먹고 왔다고?"

"어."

"밥 다 차려놨는데, 내가 밥 먹고 오면 미리 말하라고 했냐 안 했냐."

"아, 맞다. 미안해, 깜빡했어."

"근데 두 시간 걸려서 거기까지 갔는데 밥도 안 사줘?"

그다음으로 정말 궁금하던 것을 물었다.

"자연치유? 너 그런 거 진짜 믿어? 믿음만으로 암을 고칠 수 있다고?"

"막 그렇게 엄청 신뢰가 가지는 않지."

"근데 하겠다고?"

"별수 없잖어. 너한테 신세 지는 것도 미안하고."

"대체 정확하게 얼마 주는지는 물어봤어? 그리고 산에 가는 건 대체 또 뭐야. 오피스텔 계약하는 데는 니가 왜 가야하고."

"얼마 받는지는 자세히 모르겠고 일은 5월이나 6월부터 시작한대. 그 산에 다녀오는 게 2차 면접이고. 그리고 오피스텔 투자하는 사람이 날 보고 싶어 한다던데?"

"그때 너 보러 왔을 때 일 확실히 준다는 거 아니었어?"

"나도 그렇게 듣기는 했었는데."

"그래, 뭐 나야 니가 얼마든지 여기 더 있어도 되는데. 처음에 마음에 들지 않는 일 있어도 뭐든 가서 해보고 판단하는 것도 나쁘진 않지. 그래도 난 아무래도 미심쩍기만 하다."

수연이가 산에 가는 당일이었다. 퇴근하고 집에 와 보니 소파에 누워 빈둥대고 있었다. 놀라 물었다.

"안 갔어?"

"어."

"왜?"

"늦잠 자서 버스 놓쳤어."

말로는 늦잠을 자서 산에 가는 버스를 놓쳤다고 하지만 원체 성실한 친구라 그럴 리는 없어 보였다. 아무래도 묘한 거리낌 같은 것이 마음에 남아있었다고 했다. 지하철역 근처에서 미적미적하다가 출발하는 버스를 그냥 바라만 봤다고 한다. 전화가 왔다. 병원장을 소개해줬던 그였다. 버스를 놓쳤다고 하자 시외버스 터미널에서 버스를 타고 내려오라고 했다. 알겠다고 대답은 했지만 역시 갈 생각은 들지 않아 그냥 집에 와서 라면을 끓여 먹었다고 했다.

남자에게선 한동안 연락이 없었다. 다시 연락해 보았을 때 그는 그 프로그램에 가지 않아서 정직원은 어렵다. 대신 하루에 3~4시간 일하고 시급은 최저시급을 주겠으며 원한다면 방은 작은 방을 하나 줄 테니 거기서 살아도 좋다고 했다. 수연은 곰곰이 생각해보다 이도 괜찮을 것 같아 알겠다고 했다. 그는 병원 원장에게 이야기하고 수요일까지 연락을 주겠다고 했다. 약속한 날이 지나도 그에게선 연락이 오지 않았다. 수연이는 글렀다고 하는 생각이 들었으나 오히려 안도감 같은 것을 느꼈다.

"차라리 잘됐어. 근데."

그가 이어가는 말은 다소 의아한 얘기였다.

그 투자자라는 사람이 나한테 직접 연락을 해오더라고. 집 근처 커피숍으로 찾아와서 책 열 권을 사 가기도 했고 홍대 부근에서 독립출판 행사에 참여했던 날은 끝나는 시간에 맞춰 책을 사고 밥을 먹자며 찾아오기도 했다. 식사 제안은 거절했다. 감사합니다만 언젠가 기회가 되면 제가 식사를 대접해 드리고 싶습니다, 하고 수연이는 집에 와 라면을 끓여 먹었다. 이 투자자는 개인적으로 가끔 메시지를 보내오기도 해서 답장했다. 밥을 먹자는 제안에 수연이는 부담이 되어 거절을 했다. 그보다는 그 지역에서 있었던 일들에 묘한 거부감 같은 것을 느껴 이와 연관된 사람들과 만나는 것에 불안함을 느낀 것이 클 것이다.

어느 날 투자자 K가 그 지역에서 손님이 오니 같이 식사하자고 하여 천호동으로 갔다. 생각지도 못한 사람이 있었다. '오기 싫다는 걸 내가 억지로 끌고 오느라 힘들었네' 하고 투자자가 소개한 사람은 그 남자였다. 남자의 안색은 처음 봤을 때와는 확연히 달라져 있었다. 내게 15일날 오시면 돼요, 라고 이야기를 했다. 2주도 남지 않은 시간 안에 이사하라는 이야기를 거기서 처음 들었다. 방에 근데 아무것도 없는데? 하고 투자자가 묻자 그는 책상 하나는 있어요. 라고 대답했다. 회를 먹고 술을 마셨다.

이사할 날이 얼마 남지 않았을 때 수연은 다시 그에게 연락했다.

"저 다음 주 월요일에 가면 되나요?"

"네~ 다음 주 월요일에 이사 오세요~^^"

"그럼 무슨 일을 어떻게 하는 건가요?"

"와서 얘기해요~ 그때 받으셨던 책 열심히 읽으시고요~ 우선 그 책 잘 좀 정리해서 글 쓸 수 있게 준비 좀 해주세요~"

"그래도 서울에서 XX로 이사 가는데 아무것도 모르고 갈 수 있나요…"

"뭘 몰라요?"

"일하면 무슨 일을 하는지 얼마나 몇 시간을 하고 가서 얼마를 받는지 정도는 알아야 하지 않을까요.."

"글 쓰는 일이고 병원과 센터 관련 글과 XX 구에 있는 소상공인분들 홍보 글 쓰는 일이고 하루 3시간에서 4시간 일하는 거고 임금은 얼마인지 예전에 다 얘기된 거 아닌가요?"

"알바도 요새는 그렇게 일 안 해요. 뭐 와서 해라 오면 얘기해준다."

"그럼 하지 마세요. 지금까지 만나서 얘기 다 했는데 아무 얘기도 안 한 것처럼."

이후 몇 마디의 대화 끝에 '같이 일을 안 하게 돼서 다행이다'라는 말을 했다고 한다.

이 일이 있은 뒤 얼마 뒤 수연이 너를 보고 나는 투자를 했던 건데 일을 하는 게 아니었나? 하는 문자를 투자자 K는 보내왔다. 수연이는 대충 문자로 이야기를 나눴다. 자신도 대출받아 큰돈을 투자했는데 속은 것 같다며 투자자는 당황스러워했다. 그러나 그러한 반응 속에서 수연은 그녀가 어떻게 달라질 것인지를 짐

작할 수 있었다. 얼마 뒤 그녀로부터 다시 연락이 왔다. '아무리 봐도 핑계이고 변명인 것 같네.' 뭐가 변명이고 핑계 같다는 거죠? 하고 수연이는 물으려다 귀찮아서 그만두었다.

이름을 밝힐 수는 없는 서울 근교의 한 서점과 연관되어 일어났던 이 이야기는 지나고 나서 생각해 보니 모든 욕망이 얽히고섥혀 뒤죽박죽이 되어 있었던 이야기였다. 욕망의 선악과 미추를 구분하는 일에 의미가 있을까. 욕망과 욕망이 한 곳에 모여 한 서점을 기점으로 기묘한 일들을 벌였다. 누군가는 손해를 봤고 누군가는 이득을 봤을 것이다. 나는 그 욕망 중에서 가장 추악하고 더러운 부분에 존재하여 이들이 벌이는 아름답고 행복한 기적과도 일들을 옆에서 지켜보며 조금 마음이 따뜻해지는 것을 느꼈다. 마치 종국에는 암까지도 치유되는 기분이었다. 언제나 어디서든 더럽고 추잡한 인간임을 자처하며 욕망을 있는 그대로 내보일수록 반대로 세상은 아름답고 순수하게 보이는 것이다.

언제나 어디서든 더럽고 추잡한 인간임을 자처하며 욕망을 있는 그대로 내보일수록 반대로 세상은 아름답고 순수하게 보이는 것이다.

이 사람을 다시 본 것은 몇 년 뒤 상상도 못 한 곳이었다. 지방자치 단체의 단체장 선거를 며칠 앞두었을 때였다. 우리는 같이 TV를 보다 깜짝 놀라 소리를 질렀다. 그 지역을 위해 봉사와 헌신을 하고 싶으며 자신은 모든 것을 내려놓고 그 지역의 발전을 위해 일하고 싶다는 그는 다른 지역 군소 정당의 선출직 후보로 출마하였다. 피켓을 들고 거리에서 투표를 독려하는 모습을 보고 있자니 묘한 기분이 들었다. 청와대 보좌관 출신인 그의 삶이 어떻게 해서 한 지역의 병원에서 대체의학을 위한 마음 수련을 하고 또 어떻게 하여 군소 정당의 지방직 후보로 출마할 수 있었는지는 나는 모른다. 다만 그의 여정과 욕망을 조용히 응원하는 것으로, 나는 조금 행복해질 수 있었다.

작가님이
행복해지시기만을
바랄 뿐이에요2

일을 하지 않고 글만 써서 살아간다는 것은 기성 작가들에게도 어려운 일이다. 특히나 독립출판에는 극소수에게만 가능한 일이다.

어느 날 수연은 한 회사에서 특별한 제안을 받게 된다. 제안의 내용은 눈이 번쩍 떠질 만한 것이었다. 1년간 월 150만 원씩을 주겠다. 그러니 작가님은 글만 쓰시면 된다. 수연은 되물었다. 정말요? 정말이신가요?

을지로에 있는 한 인쇄소였다. 인쇄 업체를 여러 곳 운영하고 있던 사장님은 우연히 수연이의 책을 보았고 그 내용에 깊은 감명을 받았다고 했다. 그러니 글만 쓰라는 말과 함께 1년간 경제적인 지원을 해 주겠다고 했다. 원하는 것은 오로지 수연이의 행복뿐이라고. 대신 1년간 출간하는 책의 유통은 본인들이 수수료 10%를 떼고 지원하겠다고 말했다. 나쁘지 않은 제안이라고 생각했다. 오히려 꿈만 같았던 제안이라 수연은 놀랐다. 나는 이번에도 뭔가 의심쩍다는 생각을 했지만 첫 달의 월급 150만 원이 들어오자 그제

서야 안심하게 되었다. 이번엔 정말 하늘이 수연이를 돕는구나.

다음 달부터 돈은 들어오지 않았다. 나는 또다시 수연이 대신 수연이 핸드폰으로 어떻게 된 일인지를 물어봤다. 다음 주엔 들어갈 거예요! 다음 주에는! 조금만 기다려주세요!

그렇게 1년 가까이 지났다. 수연이가 제안을 받았을 때 부탁한 것은 단 한가지라고 했다.

"힘드시면 지원을 안 해주셔도 좋으니 안 되면 안 되겠다고 빠르게 얘기해주셔야 제가 돈을 벌 다른 방법을 찾을 수 있어요."

그간 수연이는 나를 통해 생계를 해결했다. 아무리 아껴 쓴다고 해도 이런저런 생활비는 들어가기 마련이다. 이미 빌려간 돈은 천만 원을 넘어가고 있었다. 미안하다, 정말. 인쇄소의 사장도 미안하다는 말을 계속했다. 제발 힘들면 힘들다고 지원 못 해주겠다고 말이라도 해주세요. 나중에는 수연이 나서서 직접 연락을 취하기도 했다. 인쇄소의 사장은 꼭 자신이 작가님을 책임을 지겠으니 자금 문제가 해결되면 바로 밀린 월급을 해결해 주겠다고 했다.

"아마 내가 먼저 포기해서 떨어져 나가길 원하는가 보다."

수연은 사람에게 지쳐 보였다. 다시 일자리를 알아보려는지 취업 사이트를 들여다보기 시작했다. 옆에서 지켜보기에 그들은 마치 헤어지기 일보 직전의 연인들 같았다. 두 사람 모두 끝이라는 것을 알지만 누구도 먼저 선뜻 그만하자는 말을 하기 어려운. 수연은 용기를 냈다.

'그동안 감사했습니다. 사장님이 일부러 그러셨다고는 생각하고 싶지 않습니다. 건강하세요.'

북페어

어느 날은 수연이 책상 위에 냉수 한 사발을 떠 놓고 기도하듯 두 손을 꼭 맞잡은 채 고개를 숙이고 있었다. 또 뭐 하는 짓인가 싶어 물어보니 북페어에 참가 신청을 했다고 한다. 독립서점에서 주최하여 열리는 독립출판 마켓은 많은 독립출판 제작자들이 모여 책을 판매할 수 있는 행사라고 했다. 수연도 이 마켓에 참가하기 위해 신청서를 넣었으나 선정 여부를 가늠할 수 없어 괴로워하는 듯했다.

"이거 안 나가면 죽어? 뭐 이게 대단한 거라고"

나의 비아냥에 그는 비장한 각오라도 다지듯 입술을 질끈 다물며 말했다.

"중요한 거야."

독립출판 마켓은 직접 자신의 책을 책상 같은 부스 위에 진열해 놓고 직접 독자들과 소통할 수 있는 자리라고 했다. 직접 쓴 책을 읽어주고 찾아오는 사람들고 얼굴을 맞대고 이야기를 나눌 수 있는 흔치 않은 기회이기에 수연은 꼭 나가고 싶다고 이야기했다. 다른 독립출판 제작자들과도 안면을 트고 서로의 작업 노하우나 영감을 얻을 수 있는 좋은 기회가 될 것이다. 물론 책이 팔린다면 팔리는 대로 수입을 얻을 수 있으므로 경제적인 이유도 있지 않냐고 묻자 수연은 고개를 저으며 말했다.

"하루 참가비만 해도 벌써 8만 원이야."

주말 2일이나 금요일을 포함하여 3일 정도 열리게 되는 독립출판 마켓은 하루 참가비를 적게는 3만 원 많게는 10만 원까지 요구하고는 했다. 금토일 3일을 모두 참가하게 된다면 최대 24만 원까지 참가비를 내야 하니 적지 않은 부담이 되었다.

"그래도 갈 거야?"

"응. 나갈 수 있으면 어떻게든 나가야지."

독립출판 마켓 역시 참가하고 싶어 하는 사람은 많으나 공간이 한정되어 있어 모든 사람이 참가할 수는 없다. 그렇다면 역시 선정 기준은 인기나 인지도인 듯했다. 이러한 인기나 인지도를 측정할 수 있는 척도는 역시 책의 판매량일 것이다. 그 사람이 어떤 책을 냈고 또 그 책에 어떠한 가치가 있는지는 판매량으로 측정된다. 정말로 인기가 있는 책들은 잘 쓰여 있기 때문일까. 또 잘 쓰인 책들이 독립서점에서 많이 팔리고는 하는 걸까. 나는 궁금했지만 알 방도는 없었다. 독립출판에서 유명한 작가들이 마켓에 참가한다면 주최하는 측에서도 흥행에 도움이 될 것이다. 그러나 수연이 같이 인기는 없지만 그저 좋아서 글을 쓰고 책을 만드는 사람들에게도 기회는 주어져야 한다는 생각을 했다.

냉수를 떠 놓고 치성을 드린 효과가 있었는지 수연은 마켓 참가 확정 메일을 받았다. 꼭 여덟 권 이상 팔아야 해, 나는 수연이 월세를 더 이상 밀리지 않았으면 하는 마음에 말했다. 캐리어에 책을 담는 수연의 어깨가 조금 움츠러든 것 같았다.

수연이 나간다는 마켓에 구경을 가 볼까 하다가 그만 두었다. 귀찮기도 했고 또 그의 주눅 든 모습을 보고 싶지 않았기 때문이다. 저녁 무렵 초인종이 울렸다. 수연이 돌아왔다.

"몇 권이나 팔았어?"

"글쎄, 한 대여섯 권?"

"본전도 못 뽑았네? 왜 나갔냐?"

그러나 판매량과 관계 없이 그의 얼굴엔 뭔가 평소와 다르게 오랜만에 화색이 돌고 있었다. 눈빛엔 총기가 흘렀다. 많이 팔았어? 하는 물음에 그는 고개를 저었다. 사람들이 내 책을 읽고 나를 궁금해서 찾아와줬어. 그는 돈보다 더욱 값진 것을 얻었노라며 감동을 받았는지 눈가에 눈물 비슷한 것을 비추기도 했다.

수연에게 물어보니 마켓에서 유명한 작가들은 하루에 수십만원도 넘게 책이 팔리는 듯했다. 3일 동안

200만 원 넘게 책을 판 사람도 있다고 했다. 그럼 유명한 사람들 먼저 뽑을 만하네, 하고 말하자 수연은 그렇지? 하고 힘이 없는 말투로 대답했다. 책이 많이 팔리지 않았다니 이번 달 월세는 또 받기 어렵겠구나, 나는 생각했다. 그래도 뭔가 신이 나 보이는 수연을 보며 오늘만큼은 돈 문제로 그를 보채지 말아야겠다는 생각을 했다.

"그래, 하루 종일 고생했다. 얼른 씻고 밥 먹자."

"응. 그럼, 짐부터 정리하고 씻을게."

그는 캐리어를 끌고 자신의 방으로 돌아갔다. 왠지 모르게 아침에 짐을 쌀 때보다는 한결 가벼워 보였다. 마음이 가볍기 때문일까? 그가 화장실로 들어간 다음 열려 있는 그의 방문 틈 사이로 텅 비어있다시피 한 그의 캐리어가 보였다. 캐리어 바닥 한 구석에는 흰 봉투가 있었다. 의아한 마음에 방에 들어가 봉투를 열어보자 수십장의 만 원짜리가 보였다. 대여섯 권밖에 못 팔았다던 그의 말이 다시 머릿속을 스쳐

지나갔다. 어라?

'이 새끼가...'

왜 했냐

이것이 수연이가 회사를 그만두고 독립출판에 뛰어들어 겪었던 몇 가지 에피소드들이다. 전해 듣거나 옆에서 지켜봤을 뿐이니 실제와 다르거나 과장이 섞여있을 수 있다. 이를테면, 이 글에 나오는 사건, 지명, 인물들은 모두 허구이며 실제와 같거나 유사하다 하더라도 전부 우연의 일치일 뿐입니다, 라고도 말할 수 있을 정도이다. 수연이는 이제 글쓰기를 그만두고 회사에 취업하여 다달이 월급의 일부를 내게 갚고 있다. 처음 독립출판을 시작했을 때 그 신나고 즐거워하던 모습을 떠올리면, 점점 표정이 어두워져만 가고 지쳐보였던 막판 그의 모습이 안쓰럽기만 하다.

어느 날 저녁을 먹다 수연이에게 물어보았다.

"내가 그러니깐 그거 하지 말랬지?"

"뭘."

"독립출판인가 뭔가, 그거."

"그랬지."

"근데 왜 했냐?"

그는 말없이 빙그레 웃었다. 이번에도 그냥 웃어넘기나 했더니 그는 한 마디를 내뱉었다.

"그냥 글이 쓰고 싶었어."

그냥 글이 쓰고 싶었어.

서점의 말

회전문서재 인턴 수박와구와구

김수연 작가의 친구의 「독립출판, 내가 하지 말라고 했지?」는 독립출판을 여러 해 경험한 원로 작가의 독립출판 비판서, 독립출판 험담집이다. 혹시 독립출판에 로망을 가지고 있는 독자가 읽는다면, 환상이 와장창 깨질 수 있다. 작가가 개인적으로 겪은 일이기 때문에 보편성을 담보하고 있지는 않다. 세상에 장점만 있는 일이 있을 수 있을까. 낭만적인 장면만 끊임없이 부각되는 독립출판 분야의 이면도 알면 나쁠 거 없다. 독립출판을 하는 방법에 대한 책은 이미 시중에 많이 나와있다. 그게 얼마나 좋은지 찬사를 쏟아내고 있다. 동의한다. 나도 재미있게 하고 있다. 하지만 어두운 부분도 있다. 판매가 안 되고, 정산이 안 되고, 재고가 쌓이고, 이상한 사람이 접근한다. 이런 이야기를 꺼내는 건 번거롭고 민망한 작업이다. 김수연 작가와 친구의 용기에 박수를 보낸다.

항상 책만 만들다가 이제는 서점까지 하게 되었다. 입고 요청하는 메일을 보내다, 메일을 받는 입장이 되었다. 며칠을 미루다 거절 메일을 보낸다. 입금을 기다리기만 하다, 정산하고 입금하는 입장이 되었다. 업무는 늘었지만 정산은 신나는 일이다. 네 책이 팔렸어! 내가 팔았다고! 자랑을 듬뿍 담아 메일을 쓴다. 부산 남구에 위치한 〈나락서점〉은 정산 메일을 보내는 게 너무 즐거운 나머지 그 메일을 모아서 책으로 만들었다. 이름이 「정산하는 마음」이다. 나도 책을 보내준 소중한 작가들에게 정산 메일을 종종 보내고 싶었으나, 미력한 인지도와 미미한 영업력으로 인해 책 판매를 거의 성공시키지 못했다. 우리는 신생 서점이고, 방문객도 거의 신생아다. 연락하고 싶지만 미안해서 못 하고 있는 작가들이 너무 많다(다시 한 번 죄송합니다).

꼭 김수연 작가 때문만은 아니고, 서점의 방침에 변화가 생겼다. 상술한 바와 같이 〈회전문서재〉도 위탁 형태로 독립출판 서적을 입고해왔으나 정산 메일을 전하지 못해서 너무 괴로웠다(책을 거의 못 팔았으니까!). 내가 심성이 워낙 착하다. 더 열심히 홍보하고 책 팔 생각은 안 하고, 시스템을 바꾸었다. 위탁 대신 선매로 가는 거다. 선매입, 현매라고도 하는데, 먼저 돈을 내고 책을 입고하는 거다. 정산에 대해 고민하지 않아서 좋고, 위탁에 비해서 더 저렴하게 매입할 수 있어서 좋다(결국 가격 후려치기를 단행한다). 서점이 워낙 작고 정말 팔고 싶은 소량의 책만 매입하기 때문에 가능하다.

책 「독립출판, 내가 하지 말라고 했지?」는 독립출판 작가의 입장에서 서점을 그리고 있다. 서점을 하기 전에 이 원고를 봤다면 작가와 같이 욕 하면서 봤을 거다. 나도 정산받지 못한 책들이 많기 때문이다(사실 팔리지 않았다). 원고를 손에 넣었을 때는 이미 서점을 운영하던 시기였다. 그래서 불편한 마음을 버리긴 어려웠다. 서점지기도 힘들다(사실 책을 팔지 못하는 것뿐이다). 그래서 이런 책을 입고하기로 마음먹은 서점지기들에게 박수를 보내고 싶다. 하지만 굳이 읽지는 않았으면 좋겠다. 다른 좋은 책이 많다.

나도 모르게 서점 입장에서 이야기해버렸다. 그렇다고 정산하지 않는 게 정당화되는 건 아니다. 어디에나 나를 도와주는 사람이 있고, 나를 괴롭히는 사람이 있다. 독립출판 세계도 예외는 아니다. 이 책 하나로 독립출판계의 악당들이 한순간에 죄를 뉘우치고 절에 들어가지는 않겠지만, 팔만대장경처럼 기록할만한 가치가 있다고 생각한다. 현채이 작가는 친구의 하소연을 들으며 도 닦는 마음으로 이 글을 썼다고 한다. 나중에 시간이 아주 많이 흐르고 누군가 21세기의 독립출판 행태가 궁금하다면, 이 책을 들춰보는 게 도움이 될 거다. 그때까지 책이 남아있지 않았으면 하는 마음에 책 표지는 코팅하지 않았다.

최근에 장강명 작가의 「소설가라는 이상한 직업」이 논란이 되는 걸 지켜봤다. 주먹구구식으로 관리되는 출판계의 난잡함, 표절에 대한 비판이 원고에 그대로 담기자, 출판사는 당당하게도 원고 수정을 요구했다. 소설가와 편집자는 다 뒤집어엎고 나왔다. 새로운 출판사를 차려서 만들어 낸 책이 결국 대중의 공감을 사고 히트하게 되는 과정이 나름 극적이었다.

반면 이 책은 조용하다. 나름 독립출판계의 부조리를 까발리는 험담 에세이 컨셉을 들고나왔으나, 깊은 산중의 절처럼 한적하다. 사적인사과지적인수박 출판사에 연락을 했다. 탄압을 하든, 원고 수정을 요구하든, 뭐라도 해야 하는 거 아니냐고 따져물었으나, 출판사 대표는 아무 생각이 없다. 서점 인턴은 기력이 없다. 독자들은 이 책의 존재를 모른다.

2022년은 너무 바쁘게 보냈다. 예상보다 훨씬 많은 일을 했다. 회사에서는 부서 이동이 있었고, 문화재단과 일을 시작했다. 서점을 열었고 미니북과 꼬깜북을 만들었다. 그러다 보니 정작 하고 싶은 글쓰기는 못 한 채 끌려다녔던 것 같다. 2023년도 그렇게 보낼 수는 없다. 글을 쓰기 전에 책상을 정리하듯이, 업무도 간결하게 정리하려고 한다. 이제 서점은 번거로운 위탁 대신에 선매로 운영한다. 문화재단 일은 끝났다. 회사 일은 최대한 대충 하고 빨리 퇴근한다.

이제는 정말 진실한 마음으로 글쓰기에만 집중할 수 있을 것 같다.

이제는 정말 진실한 마음으로 글쓰기에만 집중할 수 있을 것 같다.

감사합니다

항상 그렇지만, 책이 만들어지기까지 도움을 준 분들이 많다. 늦게나마 감사의 인사를 전한다. 아래에 이름이 없다면 안 감사한 것이다.

Kemon_tea
10년 지기 친구 한 명이 있었다. 말투, 언어를 험하게 사용하는 친구다. 10년 동안 많이 참아왔고, 쌓였다. 친구에게 그런 부분은 고쳐야 할 것 같다고 최근에 이야기를 꺼냈다. 들을 생각이 없다. 서운했다는 말에도 반응이 없다. 그저 핸드폰을 보면서 입을 삐죽이며 듣는 둥 마는 둥 고개만 연신 끄덕인다. 이야기를 끝내고 집에 돌아와 카톡과 인스타를 보니 차단되어 있다. 어이가 없음에 헛웃음만 나고, 전부 말하지 않았던 것이 화가 났다. 결국 난 마지막까지 참았다. 솔직히 지금도 전화를 걸어 와다다 말의 비수를 꽂고 싶을 정도이다. 걔는 어딜 가든 누구와 인연을 만들든지, 깊은 관계로 환영받지 못할 것이다.

리

부럽다. 질투난다. 잘 생겼다는 이유로 좋은 평가를 받는 건 아닐까. 불공평하다. 그런데 나도 자꾸 인스타를 들여다보게된다. 보고 싶다.

김개똥

뭔가 험담을 해야하는데 제 아이덴티티를 넣을수는 없지요 호호. 이걸 읽은 후에도 내가 독립출판물을 낸다면 난 개똥이다.

오폼

나의 가치를 알아보지 못한 모든 이들의 뒤떨어진 안목에 한탄을.

대나무원숭이

남들 등쳐먹고 살지 마라 너가 행복하길 바라지 않는다

슝슝

제 방 한쪽 벽면을 채우고 있는 저 책 박스들은 도대체 언제 사라질까요? 책 팔 생각은 안 하고, 다음 책만들 생각만 하는 나새끼는 대체 왜 그러는 걸까요?

프라이빗 킴

우리 회사에서 군림하시는 '일 벌여놓고 남한테 수습

시키기' 왕께서는 부하직원을 사적으로 부리지 않나 꼰대짓을 넘어 인격모독을 하질 않나 줏대가 없질 않나 책임을 떠넘기고 숨질 않나 아주 가지가지 하십니다. 그 와중에 불통쟁이 삐순이며 자기 객관화 하나도 안되는 잘난 척 선수기까지 합니다. 매사 자기중심적인 데다가 스스로 부끄러워할 줄을 몰라요. 그나마 위안이 되는 점은 퇴사한 전 직장의 상사보다 지금 상사가 낫다는 겁니다. 그 새끼는 사람 말을 안 쓰고 짖어요. 내가 싫어하는 그들을 닮은 또는 닮아가는 동료들에게 가끔 미시감이 듭니다. 닮지 말고 반면교사 삼아 우리 모두 멍청한 짓 좀 그만 했으면 좋겠어요. 돈벌이가 원래 더럽고 치사하다지만 가족보다 더 자주 보는 사람이 직장동료인데 역지사지 조금만 더 신경 쓰고 필요한 말은 꼭 하고 불필요한 대화는 빼면 좋겠어요. 저는 불로소득 무위도식 바라지 않아요. 안빈낙도 인생 원합니다. 저는 정말로 큰 걸 바라지 않고 마트 구경 같은 사소한 것에 행복해하는 사람인데 왜 그들은 내 삶을 훼방놓는 걸까요? 인간이 너무 싫은 나머지 '웬만한 인간은 별로다'가 일반화될 지경입니다.

배색아이디어

해맑게 웃으며 이건 책 같지도 않다고 했던 너. 그냥 인쇄소에서 만들면 책 같이 보이는데, 그거 어렵지 않거든. 내가 직접 배워서 손으로 바느질해 만들었으니까 세상에 하나뿐인 책이 나온 거야. 작가 앞에서 대놓고 말하는 당당함은 어디서 왔고, 또 실실 웃으며 말하는 낙천적인 태도는 도대체 어디서 왔니.

웁시둡시

도대체 이 특정 독립서점은 정산을 언제해줄까요? 진짜 작가가 찾아가서 따져야 해줄까요? 알아서 좀 해주면 좋겠구먼, 확! 마!

이대현

인디 문화를 사랑하는 나로서는 사람들이 몰라 주는 것이 서글프다. 대중성을 얘기하는게 아니라 가치를 얘기하는 것이다. 얼마나 보석같은 아티스트, 작가, 뮤지션 분들이 많은데 그저 사람들에게 잘 팔리는(적어도 나에게는 그렇게 보이는) 것들에만 관심이 있는가!

동동

다 좋은데 뒤표지에 가격 표시 좀

아무개들

모 동네서점 사장. 그 가식의 가면을 쓴 채로 좋은 사람인 것 처럼, 책을 사랑하는 인식 있는 사람인 척, 언제까지 그렇게 살아가는지 지켜본다. 그냥 변태라서 성희롱 일삼는 주제에 그걸 '결핍'이라는 말로 포장이나 하고 말이야. '책'과 '따뜻한 마음'을 볼모로 갑질이나 하고, 남의 노력 깎아 내리고, 성희롱이나 하고! 잘 나가는 작가나 출판사 앞에선 찍 소리도 못하면서 약자한테만 그러고. 너 참 못됐다. 근데 그거 아니? 처음 너한테 당했을 땐, 니가 너무 잘나가니까 내 편은 하나도 없을 것 같았는데 그것도 아니더라. 나 같은 사람들 생각보다 되게 많던데? 니가 가면 쓰고 선량한 사장인 척 하는 거 다 아는 사람들. 너 망하길 바라는 사람들. 도대체 너 그동안 인생을 어떻게 산 거냐.ㅋㅋㅋ 내가 좋아하는 드라마 〈더글로리〉 명대사로 마무리 할게. 너한테 하고 싶은 말이거든. "하, 어떡해? 너네 주님 개 빡쳤어. 너 지옥행이래."

카르마

유쾌한 작업이세요~!! 응원 메시지를 뒤로 하는 뒷담화 응원으로 남깁니다 ~~ ㅋㅋ

강다방 이야기공장

가만히 있으면 중간이라도 갈 텐데, 제 발로 호랑이 굴에 들어 온(?) 독립서점 '강다방 이야기공장'입니다. 독립출판이란 험난한 길을 걷고 있는 창작자분들을 응원하고 싶었고, 독립서점을 운영하는 입장에서 궁금한 주제라 겁도 없이 후원을 신청했습니다. 다른 분들이 적어주시는 내용들 하나하나 꼼꼼히 읽어보겠습니다. 강다방 이야기공장은 강원도 강릉역 앞에 있으니 강릉 오가며 편하게 들려주세요 :) 독립출판을 하시는 분들, 독립책방을 운영하시는 분들, 독립책방을 찾아주시는 분들 모두 화이팅입니다!

씹프피

그렇게 살지 마라..

만들어진나

너는 어디선가 또 나같은 사람을 홀리고 있겠지. 누구라도 한번 빠지면 정신 차리지 못하게 만드는 매력을 가졌으니 말이야. 분하고 짜증나고 화나지만, 인정할 수밖에 없어. 너는 내 인생 최고의 애인이었어.

Tree

만족하는 삶은 왜 이렇게 어려운지 :(

은기기

일방적으로 관계를 정리당했습니다. 이유는 독보적인 헛소리였습니다. 그런 식으로 사람을 도구처럼 사용하면 잘도 롱런 하시겠어요. 저한테 어떻게든 이용해먹을지 고민된다고 면전에 직접 말하곤 했었지요. 그 마인드대로 남에게 이용당하길 바랄게요. 사람을 돈으로만 판단하고 자기계발서만 읽는 당신은 진정한 가난뱅이입니다. 추가로 이 쪽에서는 어떻게든 돈을 벌려고 하면서, 속으로는 작가들을 비아냥거리는 것 다 알고 있습니다. 마음대로 평가하는 그 태도가 언젠가는 세상 밖으로 까발려질 겁니다. 건방진 그 인성이 꼭 부메랑이 되어 돌아가길!

쿠오프

작거나 유명하지 않은 것들은 쉽게 모방해도 된다는 인식을 가진 비도덕적이고 교양 없는 그들이 밉습니다. 새롭게 앞으로 나아가야 하는 자신과의 싸움이 아닌, 이런 몰지각한 사람들과의 다툼은 쓸데없는 에너지를 낭비 시키며 본업에 영향을 줍니다. 그들이 다 망했으면 좋겠어요.

유보

작가 타이틀 얻으려고 말고 진심으로 좀 합시다.

본본

김월리

임발

- 지금 당장, 다른 사람 욕을 적어주세요. 빨리요.

- 험담과 하소연이 사회생활의 활력소가 되나요?

- 내 뒷담화를 전해들은 적이 있나요?

- 모르는 사람의 험담에 동조한 적이 있나요?

· 험담과 하소연의 차이는 무엇이라 생각하나요?

· 무해한 험담은 어떻게 할 수 있을까요?

· 험담하고 나서 후회한 적이 있나요?

· 험담이나 하고 앉아 있는 이 책은 과연 팔릴까요?